INTELIGENCIA

EMOCIONAL

APRENDE A SACAR EL MÁXIMO RENDIMIENTO A TUS EMOCIONES

Dr. Juan Moisés de la Serna

www.juanmoisesdelaserna.es

PRÓLOGO

Si de algo se ha hablado en los últimos años en el área de la Psicología ha sido con respecto a la I.E. (Inteligencia Emocional), al principio como un desarrollo más del área de estudio de las emociones humanas y sus implicaciones en la vida, para luego adquirir un papel predominante en campos tan importantes como la educación o la empresa, y todo ello gracias a los beneficios que se ha observado que provoca tanto en el rendimiento como en la satisfacción con la vida por parte de quien cultiva la I.E.

En este ebook se trata de ofrecer una aproximación a las últimas investigaciones realizadas en el ámbito de la I.E., donde acercarse tanto a su definición y consecuencias, pero sobre todo a cómo este puede aplicarse en la vida cotidiana para poder obtener los mayores beneficios posibles.

Un camino necesario, el de desarrollar la I.E. que se verá como imprescindible una vez hayas finalizado la lectura de este ebook.

ÍNDICE

Dr. Juan Moisés de la Serna

Dedicado a mis padres

AGRADECIMIENTOS

Aprovechar desde aquí para agradecer a todas las personas que han colaborado con sus aportaciones en la realización de este texto, especialmente al Gobierno de Canarias, a la Dra. Jaci Molins Roca, Directora del posgrado universitario de coaching personal y organizacional de la Universidad Rovir i Vigili y a D. Bruno Moioli Montenegro, Experto-Trainer en Inteligencia Emocional.

AVISO LEGAL

CAPÍTULO 1. DEFINIENDO LA INTELIGENCIA EMOCIONAL

Se puede afirmar que se vive en un mundo emocional, al igual que se puede afirmar que se vive en un mundo social. De forma que aquellas personas más habilidosas en cuanto a su desempeño emocional, son también las más exitosas. Por ejemplo, un comerciante de cualquier producto o servicio, principalmente se dedica a vender emociones, para que otra persona compre o adquiera eso que vende.

Los medios de comunicación, la televisión, la radio, o cualquier otro, trata de emocionar, y con ello vender más sus productos o servicios; pero no todas las personas tienen el mismo nivel de habilidad emocional, hay quien por algún motivo no llega a desarrollar suficientemente ésta, de ahí que desde hace unos años se haya creado una nueva área de investigación y trabajo en psicología, denominada I.E. (Inteligencia Emocional) iniciada por Daniel Goleman con su obra con igual título.

Si nos fijamos en los resultados ofrecidos por Google, sobre las tendencias de búsqueda de la temática de Inteligencia Emocional, en sus distintas acepciones alrededor del mundo desde el 2004 hasta el 2017, se puede comprobar que el primer país más preocupado sobre ello, es Perú, seguido de Honduras y Guatemala; quedando España en la posición veintiuno, y ocupando Estados Unidos la posición número cuarenta y cinco de los sesenta y seis países que componen el resultado de Google, siendo la última posición ocupada por Japón.

A resaltar que entre los veinte primeros puestos de países que buscan este término, dieciséis son iberoamericanos.

Igualmente señalar que de forma global se ha producido una caída importante del uso de dicho término con los años, quedando en el 2012 por debajo del 30% de las búsquedas que se realizaban en el 2004, para con posterioridad producirse un paulatino incremento hasta nuestros días.

Hay que tener en cuenta que la inteligencia ha sido definida tradicionalmente como la capacidad de resolución de forma satisfactoria de una serie de cuestionarios "estandarizados" para la población "diana" determinado por la genética.

Esto quiere decir, que el cuestionario o test ha sido validado con varias muestras antes de administrarse a la población general, y que cuenta con validez interna y externa, es decir, mide lo que se quiere medir, y además está especialmente diseñado para un determinado colectivo y rango de edad.

> <<La definición de I.E. más ampliamente aceptada y propuesta por D. Goleman entiende que "La I.E. es la capacidad de reconocer, aceptar y canalizar nuestras emociones para dirigir nuestras conductas a objetivos deseados, lograrlo y compartirlo con los demás">> D. Bruno Moioli Montenegro, Experto-Trainer en I.E.

Si bien el uso de los cuestionarios de inteligencia surgió ya en el siglo XIX, han sido muchos los detractores de estas pruebas por considerarlas "injustas", al querer evaluar a toda la población "por el mismo rasero".

Inteligencia Emocional: Aprende a sacarle el máximo partido

A principios del siglo pasado se creó una polémica sobre los estudios realizados por las fuerzas armadas que analizaban la relación entre la inteligencia y la raza, es decir, analizaban los resultados obtenidos entre la población americana en función de sí el participante era blanco o negro, y entre los "nativos" americanos y los inmigrantes, concluyendo que los blancos de procedencia anglosajona tenían mejores resultados que otros grupos raciales; igualmente los resultados de este colectivo superaban significativamente al de los inmigrantes cuya lengua materna no era el inglés. Todo ello motivó la modificación de las políticas educativas encaminadas a "compensar" dichas diferencias.

Estudios posteriores dejaron en evidencia dichos resultados debido a los "fallos" en las pruebas empleadas, las cuales no tenían en cuenta el "argot" propio de la población diana que se quería analizar, es decir, los "fallos" de determinadas poblaciones correspondían más a una falta de entendimiento del propio enunciado de la prueba y no tanto a la habilidad o conocimiento evaluado, esto hizo que fuese necesario adaptar dicho test en función de a quién se dirigía.

A pesar de ello, el I.Q. (siglas en inglés del Coeficiente de Inteligencia) sigue siendo una medida válida de la capacidad de resolución de una serie de pruebas diseñadas y preparadas por los psicólogos, las cuales siguen unas estrictas normas de control establecidas por la psicometría (ciencia de la medida) de forma que sus resultados son válidos y fiables para la población que se aplica.

Gracias a esto, se puede predecir el nivel de éxito académico, y con ello también el futuro profesional de los alumnos, mucho antes de que éstos sean capaces de ser conscientes de sus habilidades y posibilidades; igualmente se usa en el campo de la selección de personal para encontrar al candidato ideal para el puesto, que no tiene porqué ser ni el mejor cualificado ni el que más experiencia tiene.

A lo largo de los años se ha ido perfeccionando y mejorando la psicometría de forma que su fiabilidad es bastante alta, es por ello que las empresas deciden "su futuro" en función de los resultados de las evaluaciones realizadas por los servicios de Recursos Humanos.

Como se ha comentado hasta ahora, la evaluación de la inteligencia es un tema polémico, tanto por su definición como por lo que socialmente conlleva. Con respecto a la definición, son muchos los que aún equiparan la inteligencia a un solo constructo, es decir, eres inteligente o no, y de serlo, puedes ser "del montón", estar por debajo de la media, o por encima. Si estas en éste último caso, puede que seas más inteligente que el resto, un superdotado o un genio, como separado distintos grados. Así sería si se siguiese el modelo clásico de inteligencia, ahora en desuso.

En las últimas décadas, el concepto mismo de inteligencia ha sido cuestionado, entendiéndose que no es algo unitario, sino que existen inteligencias múltiples, inteligencia espacial, inteligencia verbal, inteligencia matemática, inteligencia musical, etc.

Una persona que tenga altas capacidades desarrolladas para la música, será un gran "Chopin" o "Mozart" en la actualidad, pero puede que nunca destaque a la hora de hacer integrales, derivadas, o trigonometría, por ejemplo.

Otra cosa diferente es el "genio", capaz de destacar en varias de éstas áreas de inteligencia; aunque actualmente todavía no existe un consenso científico a la hora de establecer claramente esta distinción.

Otro aspecto son las implicaciones sociales de los superdotados, "temidos" por unos y "dejados" por otros; algunos países llevan años invirtiendo mucho esfuerzo a través de screening a la población, es decir, cuestionarios de inteligencia administrados en todas las escuelas para detectar a estos "genios en potencia".

Igualmente, las universidades, sobre todo las que figuran en el top del ranking mundial, están muy pendientes de aquellos alumnos que destacan en la secundaria para ofrecerles todo tipo de facilidades para que estudien en su centro, sabiendo que muchos de ellos acabarán siendo profesores e investigadores de su plantilla en un futuro.

Como se ha comentado la importancia de la evaluación de la inteligencia como I.Q., capaz de predecir desde la infancia el desempeño académico y posteriormente el laboral, permite "seleccionar" entre aquellos que van a ser más "productivos" a la sociedad frente a los que no lo van a ser.

Inteligencia Emocional: Aprende a sacarle el máximo partido

Algo que ha sido rechazado por buena parte de la sociedad, que ven cómo "condenan" a las personas menos dotadas, a las que se les da la etiqueta de discapacitados, únicamente por que no pueden rendir como los demás.

En una sociedad donde el éxito se valora en lo que se es capaz de lograr y alcanzar, en ocasiones, individuos con retraso mental, pueden parecer para algunos que "no encajan"; cuando en realidad, estas personas aportan parte de la diversidad humana, tal y como lo hace, la existencia de personas rubias o morenas, altas o bajas...

Sería lo mismo que rechazarlos porque son morenas, o bajas, o gruesas... es decir, porque no cumplen las expectativas "idealizadas" de lo que sería una persona productiva.

Aún hoy en día se sigue luchando por superar los prejuicios que se tienen a la hora de contratar a alguien con retraso mental, para labores que están de sobra cualificados para realizar.

En los últimos años, además, se ha ido cambiando el centro de atención adoptando otras aproximaciones a la inteligencia, no sólo centrado en el I.Q., así se ha prestado especial atención al concepto de I.E., el cual hace referencia a la capacidad de relacionarse, gracias al mundo emocional que le rodea. Esta inteligencia parece estar determinada inicialmente por las experiencias más tempranas y está muy unido al vínculo materno filial y el estilo educativo familiar.

Con posterioridad, la experiencia, el contacto con otros, el ensayo y error, va a permitir que se responda de una determinada forma u otra a las emociones propias y de los demás.

Una capacidad que a diferencia de lo que puede creerse, se puede entrenar y mejorar en su desarrollo, haciendo que personas que con anterioridad no sabían mostrar sus emociones de forma adecuada a la situación, tras un entrenamiento, pueda afrontar cualquier situación sabiendo comportarse emocionalmente de acorde a la misma.

Algo que va a repercutir de forma directa en las relaciones sociales, basadas en emociones, de simpatía, compañerismo e incluso de intimidad.

Con cada persona con las que se encuentra y habla se despiertan distintas emociones, de cuyo manejo puede depender el cierre de un negocio, o el inicio de una relación de pareja.

Aunque en la mayoría de las ocasiones estos contactos esporádicos no van a tener mayores consecuencias, un adecuado desarrollo de la I.E. va a permitir que estos sean satisfactorios, y no se vivan como situaciones estresantes o desafiantes.

La I.E. se refiere a la capacidad de la persona de escuchar su propio cuerpo, es decir, a sus emociones y de reaccionar adecuadamente al medio ambiente, igualmente, a la capacidad de observar y entender las emociones en los demás, de interpretarlas y responder a ello también de forma adecuada.

Con respecto al "origen" de la inteligencia, actualmente y después de grandes discusiones entre los que defendían un origen ambiental frente a los de origen genético, se considera que el 80% de la inteligencia es de base genética y que su desarrollo y potencialidad queda sujeto al esfuerzo y dedicación del 20% restante.

En un estudio conjunto realizado desde el Departamento de Psicobiología, Universidad V.U.; junto con el Departamento de Metodología y Estadística, Universidad de Tilburg y el Departamento de Metodología Psicológica, Universidad de Ámsterdam (Holanda), cuyos resultados han sido publicados en la revista científica Psychological Science, se realizó un análisis bibliográfico de los artículos científicos publicados con anterioridad sobre ésta cuestión.

Los resultados de veintitrés estudios contradicen las actuales teorías dominantes sobre la inteligencia, indicando que la genética tiene un mayor valor debido un homogéneo efecto de la cultura donde se vive, el cual va a potenciar determinados desarrollos que van a mantenerse en el tiempo en un determinado lugar.

Es decir, la genética parece jugar un papel mayor del que le corresponde, porque las personas se suelen desarrollar en un ambiente que no varía con el tiempo.

Volviendo a la I.E., y basado en lo anterior, se puede afirmar que se nace con una mayor o menor habilidad o capacidad, aunque se puede aprender y mejorar con experiencia social, independientemente del "nivel de partida".

Inteligencia Emocional: Aprende a sacarle el máximo partido

Así personas con una gran I.E. son capaces de comprender y entender a los demás casi sin necesidad de palabras, lo que también se ha denominado como una mayor empatía. En el otro extremo, estarían aquellas personas con una nula o escasa I.E., alejados de la capacidad de escuchar sus propias emociones y de interpretar correctamente la de los demás.

La aplicación práctica más conocida del ámbito de la I.E. ha sido a través de las técnicas del coaching, orientado inicialmente a ayudar a las personas a encontrar sus valores y motivaciones para alcanzar sus objetivos, actualmente se aplica en muy diversos ámbitos del mundo laboral, ya sea en el empresarial, deportivo, escolar o incluso en el de la salud.

<<El coaching favorece el cambio y para mantener la salud y mejorarla se necesita un cambio de actitud y de comportamiento de los pacientes y de las personas. La salud nos afecta a todos directa o indirectamente (enfermedades familiares...) en algún momento u otro de nuestra vida.

Según la definición de la O.M.S. (Organización Mundial de la Salud), la salud no es la ausencia de enfermedad, sino un estado de bienestar físico, psíquico y mental. Si tenemos en cuenta este concepto amplio, quizá tengamos alguna área en nuestra vida que queramos mejorar. Es bueno reflexionar sobre ello, aunque pensemos que estamos sanos.

Como el coaching usa preguntas, aprovecho para plantear algunas al lector que tienen que ver con aspectos psico-sociales: ¿Tengo amigos?, ¿Tengo tiempo para relacionarme con ellos?, ¿Dedico un rato a la semana al ocio?, ¿y a cuidarme?... mejorar estas áreas es invertir en salud, además de seguir un determinado tratamiento, en el caso de que tengamos una enfermedad>> Dra. Jaci Molins Roca, Directora del posgrado universitario de coaching personal y organizacional de la Universidad Rovir i Vigili.

Muchos son los aspectos que pueden incluirse en la I.E., en una sociedad preocupada por los resultados individuales, en ocasiones se "da la espalda" al desarrollo de uno de estos aspectos, la compasión.

La compasión es vista en muchas culturas como una "debilidad" del ser humano; pero si se para a pensar, esto es precisamente lo que le distingue de muchos animales.

Cuando hay una persona anciana, enferma o discapacitada, se "activa" en la compasión, y se tiende a ofrecer ayuda y protección; algo que ya se ha observado en los primeros humanos, al encontrar en enterramientos milenarios restos de personas que en vida tuvieron huesos fracturados cicatrizados, señal de que el grupo atendió y cuidó al accidentado, el suficiente tiempo como para que se curase.

La compasión es lo que moviliza también en las causas solidarias, cuando sucede un problema social o catástrofe, y se recibe ayuda de "verdaderos desconocidos".

Además, se puede considerar como un protector contra las emociones negativas como la ansiedad, el enfado o el miedo, fomentando la amistad, y las relaciones sociales.

Sin duda, un constructo que está muy relacionado con la empatía, la capacidad de entender las emociones del otro y ponernos en su situación, pero igualmente, está presente en la vida diaria, y se puede usar en mayor o menor medida según el desarrollo emocional, pero ¿Quiénes son más compasivos los hombres o las mujeres?

Esto es lo que se ha tratado de responder con una investigación realizada por el Departamento de Comunicaciones, Universidad Estatal de California (EE.UU.) cuyos resultados han sido publicados en la revista científica Journal of Happiness & Well-Being.

En el estudio participaron seiscientos trece estudiantes universitarios con edades comprendidas entre los 18 a 42 años, de los cuales trescientos diez eran mujeres.

A todos ellos se les administraron una serie de cuestionarios estandarizados, para evaluar el nivel de compasión se empleó el Compassion Scale; para evaluar el nivel de tensión personal a la hora de comunicarse se empleó el P.R.C.A.-24 (Personal Report of Communication Apprehension); para evaluar el nivel de narcisismo se usó el H.S.N.S. (HyperSensitive Narcissism Scale); y por último para evaluar el nivel de agresividad verbal habitualmente empleado se usó el Verbal Aggressiveness Scale.

Como factores principales, los resultados muestran diferencias significativas en función del género en cuanto a la compasión, siendo más elevada en mujeres.

También se encontraron diferencias significativas en cuanto al nivel de tensión en la comunicación y en el uso de agresividad verbal, siendo en ambos casos mayor en hombres.

Por último, no se han encontrado diferencias en cuanto al narcisismo en función del género.

Como factores de interacción, se encontró que cuanto se es más compasivo, se exhiben niveles más bajos de tensión en la comunicación, de agresividad verbal y narcisismo.

Entre las limitaciones del estudio está el emplear únicamente cuestionarios en las evaluaciones, en vez de otras de tipo observacional o role-play para comprobar lo que realmente haría en una situación real.

En el estudio no se ha evaluado la I.E., factor fundamental para comprobar el desarrollo de habilidades de relaciones interpersonales; tampoco se ha evaluado el nivel de alexitimia, relacionado con la capacidad de percibir las emociones en los demás y de dar una respuesta adecuada.

Igualmente, y tal y como indica la autora del estudio, la constatación de diferencias significativas no está acompañada de una teoría que explique dichos resultados, ni sobre las implicaciones que esto conlleva.

La autora también indica que para nuevas investigaciones queda analizar los distintos tipos de compasión, según la proximidad afectiva del destinatario de la misma, así como la autocompasión.

A pesar de las limitaciones anteriores, a diario están surgiendo nuevos estudios que constatan las muchas diferencias hombre-mujer, sin que eso suponga una comparación de "mejor-peor", ni buscando degradar a ninguno de los dos.

Dicho lo cual, el cultivo de la compasión, mediante el desarrollo de la I.E., va a hacer que se tengan menores comportamientos verbales agresivos, y tensiones en la comunicación.

Algo que lejos de hacer más "débil" a la persona, le permite establecer lazos afectivos, de amistad o íntimos, más sólidos y duraderos, a la vez que se tiene una comunicación más cercana y directa, sin tensiones personales ni el empleo de la agresividad verbal.

Pero hasta ahora se ha hablado de inteligencia como algo estático, e inmóvil en el tiempo, alguien ha nacido con un I.Q. y este le va a acompañar el resto de su vida, y eso a pesar de los grandes esfuerzos realizados por parte de las instituciones educativas por aumentar el "nivel" de sus estudiantes, esperando mejorar la inteligencia de los mismos con la educación, pero ¿Se mantiene el nivel de inteligencia lo largo de la vida?

Esto es lo que se intenta comprobar mediante una investigación desarrollada por el Departamento de Psicología, Universidad del Oeste de Illinois junto con el Departamento de Psicología, Universidad Loyola Marymount (EE.UU.) cuyos resultados han sido publicados en la revista científica Journal of Intelligence.

Los datos se obtuvieron de un estudio longitudinal multifactorial procedente del Murray Research Archive, que analiza a los participantes durante 30 años, extrayendo los datos de ciento setenta y siete participantes cuando tenían 3 a 4, 11, 18, y 32 años respectivamente.

A todos ellos se les ha administrado a lo largo del tiempo multitud de cuestionarios estandarizados, pero para el estudio únicamente se ha utilizado la información relativa a las altas capacidades denominado Q.-sort Methodology, evaluado mediante el C.C.Q. (California Child Q-Set).

El desarrollo de habilidades académicas fue medido a la edad de 4 años a través del W.P.P.S.I. (Wechsler Preschool and Primary Scale of Intelligence); a la edad de 11 años con el W.I.S.C. (Wechsler Intelligence Scale for Children); y a la edad de 18 años con el W.A.I.S. (Wechsler Adult Intelligence Scale). Además, se tuvieron en cuenta otras variables como el sexo, el nivel socioeconómico y el educativo de los padres.

Los resultados muestran una relación significativa entre los niveles de inteligencia iniciales y los desarrollados en el tiempo, evaluados en el desempeño académico.

Inteligencia Emocional: Aprende a sacarle el máximo partido

Aunque el estudio es claro en cuanto a la capacidad de predicción de la inteligencia, no entra a valorar el papel de la educación sobre la inteligencia y cómo tener un mayor o menor nivel educativo se corresponde o no con una mayor inteligencia, lo que validaría los esfuerzos desde las instituciones educativas, o lo pondría en cuestión si no se encuentra relación entre el nivel educativo y la inteligencia.

Igualmente el estudio se centra únicamente en la inteligencia académica, es decir, en la capacidad de responder adecuadamente a las demandas y exigencias de las instituciones académicas en cada uno de los niveles educativos, olvidándose de la aproximación multidimensional que considera que se puede tener un rendimiento normal académico por una inteligencia normal en este aspecto, pero luego destacar, e incluso ser un genio en otros ámbitos como el artístico, el social... que por no ser "útiles" para las instituciones educativas no se evalúan ni potencian todo lo que el estudiante podría necesitar, pero ¿Qué pasa con la I.E.?

Cuando se piensa en emociones, no parece que se pueda hablar de algo estático, pues cambia a lo largo del tiempo, e incluso dependiendo de la persona con la que se esté tratando, se puede llegar a sentir de una forma u otra, e interpretar lo que dice de mejor o peor manera según el interlocutor.

De un amigo se reirán los chistes, pero si se trata de un desconocido, esos mismos chistes no tendrán ese efecto sobre el humor. Además, incluso por el propio paso del tiempo cambian la vivencia de las emociones.

A medida que se van teniendo más experiencias, eso permite saber cómo afrontar las situaciones emocionales, sean estas positivas o negativas. Lo que hace que al conocer cómo se debe de actuar ante determinadas circunstancias, las emociones que se generan afecten menos, tal y como se ha estado creyendo durante mucho tiempo.

Se ha desarrollado en paralelo investigaciones que analizan la influencia de las emociones en la salud, así una emoción "fuerte" o impactante, puede causar desajustes temporales en la persona, la cual con el tiempo se recupera de la "impresión"; pero estas investigaciones se han centrado principalmente en las emociones positivas, tratando de conocer, para luego potenciar, cuáles son las condiciones más propicias para estas emociones a determinadas edades, especialmente sensibles a lo que se conoce como "tercera edad" e incluso la "cuarta edad" para los más longevos.

Desde el Departamento de Psicología, Universidad Carnegie Mellon (EE.UU.) cuyos resultados han sido publicados en la revista científica Health Psychology, han tratado de complementar el conocimiento anterior estudiando cómo afectan las emociones negativas y en concreto los disgustos a los más ancianos.

En el estudio participaron seis mil ochocientos diecisiete mayores de 50 años, provenientes de un estudio longitudinal previo denominado Health and Retirement Study realizado durante el 2006 al 2010.

A todos ellos se les administraron diversos cuestionarios estandarizados sobre su salud; el número y la gravedad de los casos en los que recibían disgustos, según proviniesen de su pareja, hijos, otros familiares o amigos; y su estado de ánimo, además de todas estas medidas se le tomó la presión sanguínea.

Los resultados fueron comparados con los estándares esperables en función de su edad y condición sociodemográfica previamente establecidos. Se excluyeron del estudio aquellos que mostraban hipertensión basal y a los que se les administraban medicamentos para controlar su tensión.

Los datos indican que lejos de proteger la edad frente a los disgustos, a medida que se envejece cada vez uno se hace más sensible a las emociones negativas, al menos así lo entienden los investigadores al encontrar que en 4 años de estudio un 29% de los participantes habían desarrollado hipertensión, relacionado en un 38% con las vivencias emocionales negativas.

Esta relación se da con mayor intensidad en mujeres entre los 50 a 65 años, y resultan especialmente impactada la salud cuando los disgustos provienen principalmente de la familia y de las amistades.

A pesar de que los resultados parecen claros, todavía hay un 62% de casos de hipertensión no explicado por las emociones negativas de los disgustos, igualmente las diferencias hombre mujer, han sido señaladas pero no explicadas adecuadamente sobre cuál puede ser su origen; si se trata de algo biológico, por la experiencia vital o por otros factores que "protejan" la tensión del hombre frente a estos disgustos y que en cambio a la mujer la afecta de forma tan negativa que le hace perder la salud.

Los resultados, a pesar de las limitaciones anteriormente comentadas, son claros en cuanto a que hay que cuidar y atender adecuadamente a los mayores, ya que se emocionan tanto o más que los demás, y en condiciones en que su salud puede verse afectada por ello, de ahí que haya que tener especial cuidado con las emociones negativas y los disgustos que estos puedan experimentar.

Si hasta ahora se ha planteado la I.E. como la capacidad que permite desempeñar adecuadamente con el manejo de las emociones, tanto positivas como negativas, la cual va a tener un papel destacado en la forma de sentir, pensar y actuar.

En contraposición, aquellas personas que tienen escasos niveles de I.E., van a destacar por altos niveles de alexitimia, ya que según indican algunos autores se trata de un continuo.

Se ha observado cómo las personas con altos niveles de alexitimia pueden llegar a realizar comportamientos antisociales, ya sea exponiéndose a conductas de riesgo para sí mismo o para los demás, donde las consecuencias sobre la propia salud e incluso la integridad personal pueden evidenciarse.

Cuando uno piensa en conductas de riesgo, lo suele hacer en aquellos comportamientos más extremos, como el conducir a altas velocidades o el hacer puenting, pero igualmente de arriesgado para la salud son conductas menos llamativas, como el consumo excesivo de tabaco, alcohol u otras drogas, pero ¿Qué papel tiene la I.E. en las conductas de riesgo?

Esto es precisamente lo que se ha investigado desde el Departamento de Salud Pública y Medicina Preventiva, Escuela de Medicina y Ciencias de la Salud, Instituto Universitario de Oncología de Asturias; el Departamento de Filología Anglo-Alemán y Francés, Universidad de Oviedo y el Hospital Álvarez Buylla, Servicio de Salud de Asturias (España) cuyos resultados han sido publicados en la revista científica Journal of Nursing Education.

En el estudio participaron doscientos setenta y cinco estudiantes del grado de enfermería. A todos ellos se les midió su nivel de I.E. mediante la administración de la escala estandarizada Schutte Emotional Intelligence, igualmente se evaluó la presencia de conductas de riesgos, entendidas estas como el del consumo de tabaco, alcohol, drogas ilegales, así como la realización de dietas poco saludables, si se tenía o no sobrepeso, si se trataba de una persona sedentaria o no, su nivel de exposición solar, y la práctica de relaciones sexuales sin protección. Además, se recogieron datos sociodemográficos y de satisfacción vital.

Los resultados indican que aquellos estudiantes que tenían niveles elevados de I.E., muestran menos conductas de consumo excesivo de alcohol, no siguiendo dietas poco saludables y observando prácticas sexuales con protección, y al contrario, los que obtenían puntuaciones más bajas de I.E., que se correspondería con niveles más elevados de alexitimia, mostraban conductas de riesgo en cuanto a un mayor consumo de alcohol, el seguimiento de dietas poco saludables y prácticas sexuales sin protección.

No encontrándose diferencias significativas entre las conductas de riesgo de consumo de tabaco o drogas ilegales, el nivel de sobrepeso, el sedentarismo o el nivel de exposición solar en función del nivel de la I.E.

Los autores señalan sobre los beneficios de tener altos niveles de I.E. a la hora de manejar adecuadamente la presión grupal, principal elemento en conductas como el consumo de alcohol.

Indicar que el estudio únicamente recoge la información sobre las conductas de riesgo mediante autoinformes, lo que deja abierta la posibilidad a fenómenos como la deseabilidad social, a la hora de responder, es decir, contestar a las preguntas en función de lo socialmente aceptado, sin comprobar si se produce o no ese comportamiento en la realidad.

Igualmente, el utilizar una población muy específica como son los estudiantes universitarios, no permite realizar extrapolaciones sobre qué pasaría en otros jóvenes.

A pesar de las limitaciones anteriores, los resultados parecen claros en cuanto a la conveniencia de educar a los más jóvenes para que tengan una I.E. desarrollada, ya que esto les va a servir para prevenir conductas de riesgo futuras.

CAPÍTULO 2. BENEFICIOS DE LA INTELIGENCIA EMOCIONAL

El concepto de I.E. da cuenta de una capacidad que se puede desarrollar y potenciar. El desarrollo de la I.E. permite tener un mayor control de las emociones y mejorar las relaciones sociales.

No se trata de controlar las emociones en el sentido de "reprimir", sino de conocer qué sentimientos genera una determinada situación y cómo responder adecuadamente en cada momento, pero si hay una etapa crítica donde las emociones afloran en algunos casos "descontroladamente", presentándose estas de forma cambiante e inestable, es en la adolescencia.

Inteligencia Emocional: Aprende a sacarle el máximo partido

Etapa especialmente sensible para el joven que trata de buscar su propia identidad, donde se forma la autoestima en función de sus propias valoraciones y la de los demás, mientras se lidia con los cambios hormonales y físicos por los que va a ir pasando durante la pubertad, pero ¿el I.E. afecta a la satisfacción en la vida?

Esto es lo que trata de responderse mediante una investigación desarrollada por el Departamento de Ayuda y Counseling, Facultad de Educación, Universidad de Duzce, junto con el Departamento de Ayuda y Counseling, Facultad de Educación, Universidad de Necmettin Erbakan y el Departamento de Ayuda y Counseling, Facultad de Educación, Universidad Técnica de Yildiz (Turquía), cuyos resultados han sido publicados en la revista científica Psychology.

En el estudio participaron trescientos diecinueve universitarios con edades comprendidas entre los 17 a 21 años, de los cuales el 68,3% fueron mujeres.

A todos ellos se les administró un cuestionario estandarizado para la evaluación del nivel de I.E. a través del Trait Emotional Intelligence Questionnaire-S.F.; una escala estandarizada para evaluar el nivel de satisfacción con la propia vida a través del Life Satisfaction Scale; y una escala para medir el nivel de auto-valoración mediante el Core-Self Evaluation Scale, escala que contempla tanto la valoración del auto-concepto, la auto-eficacia, el locus de control interno y la estabilidad emocional.

Los resultados informan de una relación significativa y positiva entre el nivel de I.E. y los niveles de satisfacción con la propia vida y la auto-valoración.

Hay que tener en cuenta que todas las pruebas son sobre lo que el propio participante sabe o piensa de sí mismo recogido mediante auto-informes.

Para concluir al respecto es preciso incorporar otras evaluaciones como la del desempeño académico o qué opinan otras personas del participante como medidas complementarias.

Igualmente, y a pesar del extenso número de participantes, el estudio se ha centrado en los estudiantes universitarios turcos, los cuales tienen unas características propias de su cultura, lo que hace difícil extrapolar los resultados a otras poblaciones, por lo que se requiere nueva investigación al respecto para poder concluir sobre ello.

A pesar de las limitaciones del estudio sus autores han explorado con éxito sobre la relación de los niveles de auto-valoración y de satisfacción personal, como elementos determinados por un buen desarrollo de la I.E. Es decir, sentirse satisfecho con lo que uno es y hace, en el ámbito de la adolescencia va a depender del nivel de I.E. que se tenga.

Tener un buen auto-concepto, una adecuada auto-eficacia sobre las propias capacidades, un locus de control interno ajustado a las circunstancias y una correcta estabilidad emocional van a depender del nivel de I.E. de los jóvenes universitarios.

Todo lo cual refuerza la idea de la necesidad de una intervención educativa a niveles de primaria y secundaria, para que así el aprendizaje en el manejo adecuado de las emociones pueda producir efectos positivos a lo largo de la vida del estudiante.

Inteligencia Emocional: Aprende a sacarle el máximo partido

<<Las emociones han sido un elemento fundamental en la evolución, adaptación y supervivencia del ser humano a su entorno. Hoy en día si cabe en un mundo más complejo, cambiante y ambiguo, las competencias que permiten a la persona gestionarse mejor y relacionarse de una manera más eficaz son imprescindibles. En este sentido la investigación cada vez más numerosa muestra evidencias abrumadoras sobre la importancia del desarrollo de las competencias en I.E., en la salud, la vida profesional, y la educación. Existe una relación directa entre el desarrollo de la I.E. y una mejor gestión del estrés y sus nefastas consecuencias (hipertensión, arritmias, infartos, muerte súbita, problemas endocrinos y vasculares, etc.). Asimismo, el entrenamiento en I.E. aumenta hasta en un 85% la hormona H.G.H., contribuyendo ampliamente a la optimización del sistema inmunitario, igualmente se ha comprobado que las personas que desarrollan la I.E., reflejada en una actitud optimista, viven una media de 8 años más. De manera particular en las organizaciones el entrenamiento en I.E., reduce el estrés y el absentismo. Los equipos de trabajo incrementan su productividad hasta en un 56%, y en cuestión de ventas estas reflejan una rentabilidad de hasta un 139% superior al resto. Los directivos mejor valorados por sus equipos en la prueba feedback 360º destacan en al menos seis competencias emocionales sobre el resto. Respecto a la educación, el entrenamiento en I.E. promueve el bienestar y éxito académico un 11% superior sobre quienes no entrenan estas competencias, reducen los problemas relacionados con el consumo de sustancias tóxicas, violencia de género y entre iguales, favorece el desarrollo integral de la persona>> D. Bruno Moioli Montenegro, Experto-Trainer en I.E.

La importancia de la I.E. radica en la capacidad de control de los niveles de estrés, aparte de ser una herramienta fundamental para el sostenimiento de las relaciones sociales.

Con respecto al estrés, el saber poner en situación lo que acontece, es imprescindible para relativizar el estrés, y saber que lo que se siente es fruto de un momento determinado, pero que con el tiempo se puede conseguir superar los inconvenientes que surjan, o al menos evitarlos.

En cambio, si una persona está inmersa en el estrés, este le llega a bloquear e impedir buscar una solución a esa situación.

El estrés además está relacionado con problemas de salud, ya que al mantenerse en unos niveles elevados de estrés, el organismo se va "desgastando" más rápidamente, lo que hace que surjan problemas de salud, de ahí la importancia de tener un correcto desarrollo de la I.E.

Con respecto al papel social de la I.E., este es fundamental, debido a que toda relación se basa en un intercambio que va más allá de la información. Gracias a la I.E. se puede saber que la otra persona viene hoy preocupada, triste o feliz. Igualmente, el otro, puede conocer si le pasa algo, debido a las emociones que se expresan.

El caso contrario, en el que existen unos niveles reducidos de I.E. se estaría ante una persona con alexitimia, lo que el propio Daniel Goleman denominaba, una "analfabeto emocional", incapaz de conocer qué es lo que está sintiendo uno mismo, y qué es lo que sienten los demás.

Si pensabas que sufrir alexitimia no tenía mayores consecuencias que "perder un amor" por no decirle "Te quiero", has de saber que el no conocer cómo expresar tus emociones, ya sean estas positivas o negativas, va a asociarse a una mayor posibilidad de padecer de un trastorno de consumo de sustancias, un trastorno de la conducta alimentaria o de un trastorno de personalidad psicopático.

La atrofia del sistema límbico, va a "descolorar" la vida del individuo, no sólo en el aspecto emocional, sino en todos los ámbitos. Lo que hay que distinguir de las personas con altos niveles de alexitimia, que van a tener dificultades en relacionarse, tomar decisiones, conocer qué siente su propio cuerpo y cómo lo hacen los demás, lo que le va a convertir en un "incompetente social", ya que el resto de las personas de su alrededor van a manejarse por claves emocionales, que él va a ser incapaz de "ver" ni de procesar, mostrándose frío y distante.

Etimológicamente la palabra "alexitimia" hace referencia a la incapacidad para describir los sentimientos. No se trata de una enfermedad en sí, sino de una forma de ser que puede verse expresada en variedad de enfermedades. Éste tipo de personas van a tener un correcto funcionamiento del sistema límbico, lo que sucede es que no han aprendido a "ponerlo en valor" o simplemente se ha "desecho" de su mundo emocional por considerarlo una "debilidad" o algo inútil.

La toma de decisiones de éstas personas, sería lo más parecido a las decisiones lógicas, frías y calculadas, las que a todos convendría y que escasamente se toma en cuenta, basadas en cálculos de pros y contras, donde aquella columna que más sume, se convierte en la decisión óptima, sin dar pie a la improvisación.

Son personas que les da lo mismo aprender una receta de cocina, que un libro de derecho, o una novela "rosa", ya que su vivencia va a ser la misma, con marcados rasgos de personalidad encuadrados dentro del tipo D, hiperactivas, autoexigentes y con baja autoestima.

Pero estas personas lejos de "vivir sin emociones", como cabría pensar, lo que sufren es una "desconexión" entre el mundo emocional interno y su expresión externa, con lo que el cuerpo se va a convertir en el vehículo a través del cual dar salida a dichas emociones, produciéndose una somatización de las mismas.

Mostrando una mayor probabilidad de llegar a enfermar psicosomáticamente, con afecciones como la colitis ulcerosa, úlceras péptidas, trastornos vasculares como hipertensión o cardiopatías isquémicas, además de la posibilidad de sufrir trastornos de depresión mayor o trastornos de ansiedad. Y todo ello provocado precisamente por su incapacidad de dar salida a sus emociones por otros medios, como la palabra, la escritura, o simplemente "rompiendo a llorar".

Son muchas las consecuencias que va a sufrir un adulto con altos niveles de alexitimia. Si bien, durante mucho tiempo se ha considerado esta como una característica biológica, actualmente se entiende que se trata de algo aprendido durante la infancia.

Hay que tener en cuenta el papel destacado del ambiente a la hora de moldear a la persona sobre todo en los primeros años de vida.

La falta de una personalidad conformada hace que pueda influenciarse en mayor medida por las opiniones, comentarios y normas de los demás.

Una educación o experiencias "inadecuadas" puede "truncar" el desarrollo del menor; igualmente una falta de estimulación puede empobrecer la vida y comprometer su futuro desarrollo.

Basado en estos conceptos ha surgido una teoría explicativa sobre el origen de la alexitimia, donde la infancia se convierte en la etapa sensible de su formación, pero ¿Qué papel juega la familia en la alexitimia?

Esto es lo que ha tratado de averiguarse con una investigación realizada desde la Facultad de Humanidades y Ciencias Sociales, Universidad de Enna "Kore" (Italia) cuyos resultados se han publicado en la revista científica Clinical Neuropsychiatry.

En el estudio participaron ciento cuarenta jóvenes con edades comprendidas entre los 15 a 23 años, de los cuales la mitad eran mujeres.

Todos completaron el P.B.I. (Parental Bonding Instrument), para evaluar el estilo percibido para cada uno de los progenitores; el T.A.S.-20 (Toronto Alexithymia Scale) para evaluar el nivel de alexitimia y el E.C.R. (Experience in Close Relationship) para evaluar la relación con los progenitores.

Se encontraron diferencias significativas entre el estilo percibido de los padres y el género del participante.

Los varones con altos niveles de alexitimia se veían muy influidos por el control parental mientras que entre las mujeres el control paterno parece jugar un menor papel entre aquellas que tenían una mayor puntuación de alexitimia.

Se observó cómo los más jóvenes, menores de 18 años, se sentían significativamente menos capaces de entender y comunicar adecuadamente sus emociones que los mayores. Las mujeres por su parte percibían en mayor medida el afecto maternal y la protección paternal, frente a los varones.

Entre las limitaciones está la selección de la población objeto de estudio, la siciliana, con una idiosincrasia que requiere de nueva investigación en otras poblaciones antes de dar por válidos los resultados.

Tal y como afirman los autores, los datos apoyan las teorías que explican la presencia de la alexitimia como una "reacción" al ambiente familiar donde se desarrolló el joven.

Así, en familias orientadas al intelecto, se "cultiva" en menor medida la acción y la imaginación lo que genera a individuos con dificultades para comprender y expresar adecuadamente las propias emociones, especialmente entre los varones.

Esto permite comprender el origen de la alexitimia, y por tanto se puede establecer planes de intervención incluso desde la adolescencia, de forma que se consiga "compensar" la influencia de los padres, proporcionando un espacio donde el joven pueda descubrir sus emociones y aprenda a expresarlas de forma adecuada, mediante el desarrollo de la I.E.

La ausencia de un adecuado desarrollo de la I.E. además puede interferir o aumentar el efecto de otras patologías, por ejemplo, en el caso de los trastornos del desarrollo.

Cuando un pequeño recibe el diagnóstico de T.D.A. (Trastorno por Déficit de Atención con o sin Hiperactividad) puede que desconozca las consecuencias que eso va a tener para su vida y cómo esta puede cambiar si no se pone "remedio".

Actualmente, todavía quedan muchas cuestiones por responder con respecto al origen y evolución del T.D.A., pero sí existe un consenso al respecto es con relación al tratamiento a administrar.

El metilfenidato es el nombre genérico del tratamiento más habitual, que dependiendo de la farmacéutica puede ser recetada bajo un nombre comercial u otro.

Aunque en la mayoría de los pequeños el metilfenidato funciona para controlar y reducir los síntomas propios del T.D.A., no siempre funciona, desconociéndose el motivo de este "fracaso terapéutico".

Hay que recordar que el T.D.A. se presenta con otros desórdenes como el trastorno disocial desafiante y oposicionista o el trastorno de ansiedad, que también se reducen al controlar el T.D.A., pero ¿Es suficiente con medicar a los niños con T.D.A.?

Esto es precisamente lo que se ha investigado desde el Departamento de Psiquiatría Infantil y de la Adolescencia, Facultad de Medicina, Universidad Ondokuz Mayis (Turquía), cuyos resultados han sido publicados en la revista científica The Journal of Psychiatry and Neurological Sciences.

Para ello han realizado un estudio retrospectivo a cincuenta y cuatro menores con edades comprendidas entre los 7 a 18 años, de los cuales dieciocho eran niñas, que fueron diagnosticados entre el 2007 y el 2008 con T.D.A. siguiendo los criterios del D.S.M.-IV (siglas en inglés de Manual Diagnóstico y Estadístico de los Trastornos Mentales, su versión cuarta). Estos pequeños han estado recibiendo tratamiento psicofarmacológico con metilfenidato para controlar los efectos del T.D.A.

Se separaron a los participantes en dos grupos, según han respondido adecuadamente o no al tratamiento del metilfenidato evaluado mediante el C.G.I.-I. (Clinical Global Impression Scale- Improvement subscale).

Se comprobó la presencia de otros desórdenes evaluados mediante el K.-S.A.D.S.-P.L. (Schedule for Affective Disorders and Schizophrenia for School-Age Children-Present and Lifetime Version) para los desórdenes afectivos, junto con el C.D.I. (Children's Depression Inventory) para los síntomas de depresión y el S.C.A.R.E.D. (Screen for Child Anxiety-Related Emotional Disorders) para los de ansiedad; teniendo en cuenta que estas son evaluaciones indirectas de la I.E.

Por último, se evaluó la autoestima del pequeño mediante la escala estandarizada P.H.S.C.S. (Piers-Harris Children's Self Concept Scale).

Con el mismo propósito los padres y profesores por su parte tuvieron que completar el C.B.C.L. (Child Behavior Checklist) y el T.-D.S.M.I.V.-S. (Turgay DS.M.-IV-Based Disruptive Behavioral Disorders Screening and Rating Scale).

Los resultados muestran que los menores diagnosticados con T.D.A. que tenían un mejor aprovechamiento en el tratamiento con metilfenidato también tenían una menor presencia de otros desórdenes del comportamiento y del estado de ánimo.

Mientras que en los que no se alcanzaban los resultados esperados por el tratamiento con metilfenidato, además mostraban significativamente un mayor número de síntomas depresivos y de ansiedad unido a menores niveles de autoestima.

Por todo lo anterior, los autores destacan la necesidad de complementar la terapia psicofarmacológica con otras terapias de corte psicológica orientadas al fortalecimiento de la autoestima y el correcto manejo de su mundo emocional, es decir la reeducación de la I.E. para facilitar así la eficacia del tratamiento estandarizado para el T.D.A.

A pesar de lo anterior, los autores no entran a analizar por qué a unos pequeños le funciona el tratamiento con metilfenidato y a otros no.

Igualmente, que a todos los pequeños se les proporcione otro tipo de terapias que traten de paliar la sintomatología de ansiedad, depresión e incluso mejorar la autoestima, son recomendaciones basadas en suposiciones no analizadas en este estudio.

Está claro que cualquier intervención para mejorar las habilidades en I.E. va a ser positivo, pero no se ha comprobado que esto vaya a mejorar el T.D.A., ya que a pesar de que el estudio deja constancia de la comorbilidad de desórdenes emocionales, ante el fracaso del tratamiento psicofarmacológico, no indica por qué se producen.

A pesar de las limitaciones anteriores, en todos aquellos pequeños que no estén respondiendo adecuadamente al tratamiento con metilfenidato, habría que incorporar tratamientos psicoterapéuticos para corregir los bajos niveles de autoestima, a la vez que se le refuerzan en habilidades para desarrollar su I.E., y con ello aprender a controlar los síntomas de ansiedad y depresión antes de que estos se conviertan en un problema.

Pero el T.D.A. no es la única dificultad a la que se han de enfrentar los menores en su desarrollo, así cuando uno piensa en la escuela lo suele hacer en un lugar donde los estudiantes aprenden y se forman, sin mayores problemas.

Pero debido a que en este período se producen los cambios más importantes tanto físicos como psicológicos, en la adolescencia, la escuela se puede convertir en un "problema" en sí misma.

La búsqueda de la identidad personal o la pertenencia al grupo, en ocasiones pasa a ser lo más importante para los jóvenes en edad de desarrollo, pero si algo ha caracterizado a los centros educativos es su capacidad para evaluar los niveles de desempeño.

La idea es "forzar" al joven a estar al día en sus estudios, y que los exámenes le sirvan para saber hasta dónde ha llegado, y si se está quedando retrasado o no con respecto al resto de la clase.

Pero igualmente esta evaluación se puede llegar a convertir en fuente de estrés, en lo que se denomina como Ansiedad a la Evaluación (en inglés Test Anxiety), entonces, ¿Se puede aplicar la P.N.L. (Programación Neuro-Lingüística) en la escuela?

Esto es lo que se ha tratado de averiguar mediante una investigación realizada desde el Departamento de Biomecánica y Comportamiento Motor, Universidad de Ciencias Deportivas y Actividad Física (Arabia Saudí) cuyos resultados han sido publicados en la revista científica International Journal of Behavioral Research & Psychology.

En el estudio participaron treinta alumnos con una edad media de 19 años, todos varones. La mitad recibirían entrenamiento de control del estrés mediante P.N.L. y el resto no, grupo control.

Se entrenó durante 3 meses en la técnica de P.N.L. en el grupo de intervención, a razón de dos sesiones por semana, con una duración entre 40 a 60 minutos cada sesión.

Se evaluó el nivel de ansiedad a la evaluación antes y después del entrenamiento en ambos grupos mediante una escala tipo Likert con 96 ítems; igualmente se registró la presión arterial y el número de latidos por minuto para evaluar complementariamente los niveles de ansiedad.

Los resultados muestran diferencias significativas en la reducción del estrés entre los estudiantes que recibieron entrenamiento en P.N.L., no mostrándose ningún cambio en el grupo control, tanto en la evaluación subjetiva como objetiva.

Una de las limitaciones de la investigación, es que únicamente se seleccionaron para el estudio a varones, por lo que no se puede conocer si existen diferencias de género en cuanto a la eficacia de la P.N.L. en la reducción de los niveles de ansiedad de las estudiantes.

Igualmente, la selección de la técnica P.N.L. para mejorar las habilidades de I.E. no está suficientemente justificada por parte de los autores del estudio, ya que existen muchas otras técnicas que se podrían haber empleado para conseguir este mismo objetivo.

A pesar de las limitaciones comentadas parece claro que la ansiedad puede ser reducida y controlada entre los estudiantes si se les ofrecen las herramientas oportunas.

Hay que tener en cuenta que la escuela es el segundo lugar donde se pasa más tiempo después de la casa, por lo tanto, parece lógico pensar que debería ser un sitio donde poderos sentir a gusto y no en tensión.

Es por ello que investigaciones como la presente sirven para recordar cómo, con un entrenamiento de apenas 3 meses, se puede ayudar al estudiante en el tiempo en que permanece en el sistema educativo, ofreciéndole una experiencia positiva y agradable.

Y todo ello gracias a la aplicación de técnicas de control de estrés que le ayudan a mejorar su I.E.

Al respecto, en algunos centros educativos, como en Canarias, se están realizando verdaderos esfuerzos por incorporar la educación de la I.E. en las escuelas, para prevenir la alexitimia entre su alumnado, tal y como lo constata la entrevista que realicé sobre la reciente iniciativa de inclusión en el currículo de Educación Primaria de la asignatura Educación Emocional y para la Creatividad.

A continuación, trascribo la entrevista que realicé al Gobierno de Canarias sobre la implantación de esta medida novedosa.

- ¿Qué relación tiene la Educación Emocional y la Creatividad?

Mucha. La creatividad tiene un alto componente emocional en el sentido de identificarnos con aquello que se "crea" y la necesidad de "emocionar creando". Y viceversa, la forma de relacionarnos con los demás y con uno mismo es una forma de manifestar originalidad ante el mundo.

- ¿Por qué implementar en el currículo de Educación Primaria esta formación?

Todos los estudios científicos que se han hecho sobre la educación emocional aconsejan empezar lo antes posible. En Canarias, las emociones ya llevan una larga tradición de trabajo en la etapa de Educación Infantil (el currículo de esta etapa recoge explícitamente la necesidad de atender al mundo de los afectos, los sentimientos y las emociones de los más pequeños). En Educación Primaria ha estado más presente en función de programas y acciones aisladas del profesorado, pero se ha visto la necesidad de implantarlo curricularmente para atender a las demandas del alumnado y del profesorado.

- ¿Qué beneficios se espera obtener con la implementación de esta asignatura?

Alumnado más feliz. Que sepa identificar y regular sus emociones y desarrolle todo su potencial creativo.

- ¿Está basada esta iniciativa en otras anteriores?

Aunque se han realizado muchas experiencias basadas en programas educativos, es la primera vez (a nivel nacional e internacional) que se incluye en un currículo oficial como área con entidad propia.

- ¿Quién es la persona que va a impartir esta iniciativa y qué relación tiene con la psicología?
Se sugiere que sea el tutor, pero también lo puede impartir una persona que tenga un perfil adecuado.

- ¿Cómo se va a evaluar la eficacia de la iniciativa?, ¿Se contempla una evaluación a medio o largo plazo?
A lo largo de todo el curso, se está realizando una evaluación cualitativa de proceso para observar el grado de implantación del área.

- ¿Se ha pensado incorporar esta asignatura a edades más conflictivas como en las de la etapa de la adolescencia?
Sería conveniente poder incluirla en etapas posteriores, se está estudiando esta posibilidad.

La toma de conciencia sobre la I.E. es fundamental para que se produzcan avances tan importantes como la iniciativa innovadora de incorporar programas de creatividad en el nivel de primaria por parte del Gobierno de Canarias.
Aunque si bien se ha hablado hasta ahora de I.E. y de su mayor o menor presencia en cada persona falta todavía por dilucidar si ¿Existen diferencias de género en la I.E.?
Esto es lo que se ha tratado de averiguar desde la Universidad de Málaga (España) cuyos resultados han sido publicados en la revista científica Frontiers in Psychology.
En el estudio participaron seiscientos sesenta y cinco adultos con edades comprendidas entre los 18 a 68 años, de los cuales trescientas treinta y seis eran mujeres.

A todos ellos se les administró un cuestionario sobre los niveles de estrés percibido mediante el P.S.S. (Perceived Stress Scale); la I.E. se evaluó mediante la prueba M.S.C. E.I.T. (Mayer-Salovey-Caruso Emotional Intelligence Test); y para conocer el estado de salud general de la persona se empleó la escala estandarizada S.H.S. (Subjective Happiness Scale).

Los resultados informan que los hombres que experimentan niveles de estrés más elevados también lo hacen en cuanto a los niveles de bienestar personal, es decir, de felicidad y de depresión.

En cambio, en las mujeres no resulta significativa la relación anterior, no encontrándose relación entre los niveles de estrés, y, por ende, de I.E., con los niveles de depresión o felicidad personal.

Por lo cual, para aumentar los niveles de felicidad en el hombre bastaría con realizar una intervención sobre la I.E. del mismo.

A pesar del extenso número de participantes, las pruebas empleadas han sido en todos los casos autoinformes, sobre lo que la persona piensa o cree, aspecto que tendría que ser corroborado por otro tipo de recogida de datos como la observación o las preguntas a familiares o amigos, ya que la visión de uno mismo, y la autoevaluación suelen mostrar siempre sesgos en lo que respecta a las investigaciones.

Igualmente, un rango tan amplio de edad de los participantes, no permite comprender cómo va evolucionando esta relación, si es que existen diferencias de género en función de la edad. Así, un análisis por edad, podría informar si los adolescentes se parecen más o menos en función del género, o si estas diferencias se dan a edades más avanzadas.

A pesar de las limitaciones comentadas, hay que tener en cuenta que las conclusiones parecen claras, en cuanto a la necesidad de desarrollar terapias y tratamientos diferenciales entre hombres y mujeres, con lo que optimizar los resultados de los mismos.

Esto requiere de una revisión de los instrumentos de intervención empleados hasta el momento en función del género, para comprobar cuál de ellos es más adecuado y provoca un mayor beneficio en un género o en otro, y aquel que no sirva, por ejemplo, en hombres, buscar nuevos desarrollos para que aumente la eficacia de la intervención.

Pero el papel de la I.E. no se queda únicamente en garantizar un nivel de satisfacción personal e incluso de felicidad, sus efectos van mucho más allá, tal y como se puede observar al analizar el caso más "dramático" para la persona, y es el acto del suicidio.

Algunos gobiernos e instituciones públicas, tratan de detener la aparición de conductas suicidas mediante la implementación de políticas preventivas como el control de armas.

El vivir en sociedad implica que la persona ha de ceder parte de sus libertades para garantizar así la convivencia, una de esas libertades "limitadas" es la violencia, ya que esta se convierte en un peligro para la propia existencia de la sociedad.

Violencia que algunos autores defienden que está en la propia naturaleza humana, mientras que otros afirman que es un resto de los antecesores de las cavernas, y por tanto algo a "olvidar" y dejar en el pasado. Esta violencia se puede expresar hacia los demás o hacia uno mismo, pudiendo en este segundo caso llevar a lo que se ha denominado suicidio.

El suicidio por tanto es una conducta antisocial, que preocupa a las instituciones públicas, que tratan de implementar políticas para detectar y prevenir este tipo de violencia, con legislaciones como las orientadas al control de tenencia y uso de armas, basado en que únicamente aquellas personas que superan la "idoneidad psicológica", pueden ser los que porten y usen las armas. De forma que aquella que no resulte idónea por algún motivo, se le impide el acceso a la misma, como medida preventiva para evitar la violencia contra los demás o contra uno mismo, pero ¿Son efectivas estas políticas contra el suicidio?

Esto es lo que se ha tratado de averiguar desde la International Coalition for Women in Shooting and Hunting (EE.UU.) cuyos resultados han sido publicados en la revista científica Journal of Criminal Justice Sciences.

Los autores han analizado los datos de suicidio con armas de fuego en comparación con el resto de los suicidios.

El análisis se ha realizado con datos desde 1979 a 2012, usando para ello el modelo matemático A.R.I.M.A. (AutoRegressive Integrated Moving Average), que permite comparar los resultados esperables con los reales, para comprobar si existen discrepancias o no.

En 1996 se realizó el mayor cambio legislativo de la historia de Australia, con el N.F.A. (National Firearms Agreement) que prohibía la tenencia y uso de explosivos y armas semiautomáticas sin licencia.

Los resultados informan, que, a pesar de la progresiva reducción de casos de suicidio con armas de fuego, este no es lo suficientemente significativo, con respecto a lo que se esperaba con la implantación de la N.F.A.

No mostrándose cambios significativos en cuanto al número de casos de suicidio, entre los que usan o no armas de fuego.

Aunque los resultados parecen claros en cuanto a la limitación de las políticas del gobierno a la hora de regular el uso de armas, falta en el diseño un análisis comparativo con los resultados de otros países que no hayan incorporado estas políticas, con lo que poder concluir si realmente fueron efectivas o no.

Hay que tener en cuenta que la incidencia de los suicidios debido a armas de fuego (1 caso cada 100.000 habitantes en 2012) está muy por debajo de la de otras causas de suicidio (8 casos cada 100.000 habitantes en ese mismo año), por lo que intervenir únicamente en este aspecto no va a ser suficiente para combatir las conductas de suicidio entre la población.

Igualmente, según algunos autores, el suicidio no siempre tiene que ser algo premeditado, sino que puede ser "explosivo", por lo que la eficacia de políticas preventivas, puede tener un efecto más limitado para este tipo de personas, que no planean, ni buscan "el medio" para hacerlo, sino que simplemente lo hacen.

Tal y como los autores del estudio indican, existen otros muchos factores sociales que parecen estar implicados en la limitación de los efectos de las políticas públicas a la hora de controlar el uso de las armas. Lo que hace necesario replantearse, no tanto la eficacia de estas medidas legislativas, como la necesidad de incorporar además otras de tipo social, como la reeducación con respecto a la violencia, el control del estrés o la tolerancia a la frustración entre los ciudadanos.

Invertir en I.E. no garantiza una prevención al suicidio, pero sí que ofrece a la persona herramientas alternativas con la que enfrentarse a esta situación.

Además, la educación en I.E. ha proporcionado resultados muy positivos en cuanto a un incremento con la satisfacción de la propia vida y de la convivencia con los demás.

Por lo tanto, las políticas públicas que tratan de prevenir los casos de suicidio deberían ir en ambas direcciones, debido al limitado efecto de las políticas de prevención del uso de armas, prestando especial atención sobre todo a la educación de los aspectos emocionales desde los primeros años de la escuela, ya que se ha observado que sus efectos permanecen durante toda la vida adulta.

Son muchos los beneficios de un adecuado desarrollo de la I.E., de ahí la importancia de una intervención temprana donde enseñar al menor a desarrollar unas capacidades que le acompañarán el resto de su vida.

La I.E. ha sido un concepto de investigación recurrente en las últimas décadas, a pesar de lo cual todavía queda mucho por conocer al respecto.

La I.E. se ha visto relacionada con la habilidad para el manejo del estrés, las habilidades sociales e incluso con aspectos de la salud.

Dentro del mundo laboral, hoy en día se considera a la I.E. como pieza clave y fundamental de cualquier líder, de ahí que las escuelas de negocio hagan hincapié en esta formación.

Igualmente se ha encontrado que está relacionado positivamente con un mejor desempeño en el puesto de trabajo, y negativamente con el absentismo y la renuncia del puesto.

Algunos teóricos apuntan a que las personas con alta I.E. son capaces de conocer mejor a los demás, de ahí que sean más efectivos en las relaciones interpersonales, otorgándole cierta habilidad para conocer los puntos fuertes y las limitaciones del interlocutor, pero ¿Se ve afectada la percepción del otro por la propia I.E.?

Esto es precisamente lo que se ha tratado de conocer con una investigación realizada desde el Departamento de Administración Internacional de Empresas, Universidad de I-Shou (Taiwán) junto con el Departamento de Gestión y Estrategia, Escuela de Económica de Noruega (Noruega) cuyos resultados han sido publicados en la revista científica The Open Psychology Journal.

En el estudio participaron treinta estudiantes de una escuela de negocios con una edad media de 23 años, de los cuales once eran mujeres.

A los participantes se les hizo pasar por una situación controlada, donde observaban el desempeño de una persona en una tarea de resolución matemática, un Sudoku, y luego debían de valorar si esa persona podía resolver otro, pero en un tiempo limitado de tres minutos.

Se manipularon las variables correspondientes a la dificultad de la segunda tarea, la posibilidad o no de ganar dinero por acertar según su nivel de seguridad en la respuesta, y la introducción o no de una tarea distractora entre ambas pruebas.

Los participantes debían de rellenar una prueba on-line sobre I.E. denominada M.S.C. E.I.T. Se comparó la ejecución de los participantes según la puntuación en el M.S.C. E.I.T., como con alta o baja I.E.

Los resultados muestran que no existieron diferencias en las predicciones de la ejecución de la tarea de los otros en función de la I.E. propia.

Hay que tener en cuenta el limitado número de participantes, y que se trata de una manipulación experimental con baja validez ecológica, con lo que es probable que en una situación real se pudiese observar el fenómeno de predicción esperable.

A pesar de las limitaciones del estudio, hay que tener en cuenta lo innovador del enfoque de esta investigación, que trata de conocer cómo la I.E. posibilita que la persona tenga un mejor desempeño social.

Aunque no parece que una mayor I.E. tenga que ver con acertar sobre las predicciones de ejecución de un tercero en una concreta tarea matemática, eso no descarta que no confiera a la persona de esa cualidad para otras tareas, de tipo más emocional.

Esto es, conocer los puntos fuertes y débiles de un interlocutor no supone saber exactamente cómo va a actuar en todas las tareas, pero sí qué tipo de compromiso y comportamiento general es esperable de esa persona.

Algo que, si se consigue comprobar mediante investigaciones posteriores, estaría informando sobre que aquellas personas con altos niveles de I.E. están mejor preparadas a la hora de conocer a los demás, y de ahí la ventaja observada en las interacciones sociales.

Hay que tener en cuenta que la I.E., a diferencia de otras inteligencias, se puede mejorar con un entrenamiento adecuado, es decir, una vez que se conozcan las muchas ventajas que sobre el mundo laboral y social tiene, se puede buscar la forma de reforzar las habilidades propias y con ello mejorar la I.E.

La I.E. va a tener consecuencias sobre la propia persona tal y como se ha visto hasta ahora, pero además puede afectar a la calidad de la atención que reciben personas que se tienen a cargo.

Una de las situaciones más difíciles para los padres es cuando su hijo tiene algún tipo de problema, como es el caso del síndrome de Down.

Si puede resultar agotador criar a un pequeño, cuando éste sufre algún tipo de enfermedad o retraso en el desarrollo como en el caso del síndrome de Down, puede hacer la tarea de criarlo más complicado.

Hay que tener en cuenta que los progenitores han de hacer frente a un "plus" en el cuidado del menor cuando este presenta algún tipo de problema, ya sea físico o psicológico.

En ocasiones esto supone sufrir mayores niveles de estrés e incluso la presencia de depresión, aspectos que no siempre los familiares y amigos son capaces de percibir y atender.

El síndrome de Down en el 95% proviene de una alteración genética, trisomía del par 21, que tiene importantes repercusiones en el desarrollo físico y psicológico del menor, incluido dificultades de aprendizaje y problemas de comunicación.

Con respecto a los problemas físicos, se puede presentar además con defectos cardíacos congénitos, problemas gastrointestinales, hipotiroidismo, problemas respiratorios, de visión o audición.

Todo lo cual va a suponer que el pequeño requiera de una mayor atención por parte de los progenitores, unido a que en algunas sociedades todavía se estigmatiza al menor y en ocasiones a los padres por tener un hijo con una discapacidad, pero ¿Conoces los riesgos para la salud de tener un hijo con síndrome de Down?

Esto es precisamente lo que se ha tratado de responder con una investigación realizada desde el Departamento de Rehabilitación Psicológica, Universidad de Albrecht-Ludwigs de Freiburg, junto con el Departamento de Métodos Cuantitativos, Universidad Tecnológica (Alemania) cuyos resultados han sido publicados en la revista científica Psychology.

En el estudio participaron cuarenta y nueve progenitores de hijos diagnosticados con síndrome de Down con edades comprendidas entre los 27 a 52 años, de los cuales cuarenta y una eran madres.

Todos ellos debían de completar un cuestionario estandarizado para evaluar la presencia de síntomas de depresión o ansiedad a través del Brief Symptom Inventory (B.S.I.); para evaluar complicaciones psicosomáticas se utilizó el Freiburg Complaint List (F.B.L.-R.); para evaluar el procesamiento emocional de los padres se usó el Emotional Processing Scale of Stanton.

Igualmente se observó si existían síntomas asociados al trastorno de estrés post-traumático a través del Posttraumatic Growth Status Inventory (P.G.S.I.) y por último se evaluaron las estrategias de afrontamiento empleadas a través del C.O.P.E.

Los resultados indican que dependiendo de la estrategia empleada por los padres para afrontar el estrés extra que supone criar un hijo con síndrome de Down, así serán las consecuencias sobre su propia salud.

Si los progenitores aceptan la situación de forma positiva, reajustando su visión sobre el niño "normal" a la situación real que vive, eso les va a ayudar a manejar mejor los niveles de estrés añadido, protegiéndoles de sufrir problemas de ansiedad o psicosomáticos asociados a tener un hijo con síndrome de Down.

En cambio, sí emplean estrategias disfuncionales, es decir, no aceptando el trastorno del desarrollo de su hijo y "sufriendo" por la situación que les ha tocado vivir, esto se va a reflejar en la presencia de trastornos de depresión mayor o trastornos psicosomáticos.

A pesar de los resultados anteriores hay que destacar que sólo se han recogido datos mediante autoinformes, pudiéndose haber incluido información sobre el historial médico como medica objetiva del padecimiento de trastornos asociados al estrés.

Igualmente, el escaso número de padres participantes hace que estos resultados únicamente sean válidos y extrapolables para a las madres con hijos con síndrome de Down.

Además, el estudio no recoge si los padres tenían más hijos aparte del que sufre síndrome de Down, y de tenerlos, qué posiciones ocupan y qué edades tienen, variables que pueden incrementar o reducir los niveles de estrés de los progenitores.

Una vez identificada las limitaciones del estudio, y tal y como señalan los autores, es importante establecer planes de intervención entre las familias con hijos con síndrome de Down, para aplicarles programas de I.E., donde enseñarles estrategias adecuadas de afrontamiento del estrés.

Todo ello sabiendo que, al aumentar la calidad de vida de los padres, se invierte igualmente en la calidad del cuidado hacia el pequeño.

Ya que un progenitor "enfermo", con problemas de depresión o psicosomáticos, no va a poder responder de la misma manera que un padre "sano" y con una actitud positiva hacia su hijo y su problemática. Aspecto que no se ha evaluado en esta investigación, pero que es de esperar.

Por tanto, la aplicación de un correcto desarrollo de la I.E. no sólo va a prevenir problemas de salud a los progenitores, sino que va a repercutir en una mejor atención cuando se tiene un hijo con síndrome de Down.

Pero si se habla de atención a personas necesitadas que pueden llegar a ser dependientes hay que tener en cuenta que una de las mayores dificultades a la hora de tratar a los adictos es cuando existen variables de la personalidad implicadas en el abuso de sustancias.

La personalidad conforma lo que cada uno es, cómo se piensa y actúa, si alguna de las características de la personalidad favorece el abuso de sustancias se va a estar más predispuesto para ello.

Aunque no hay que pensar en ningún tipo de determinismo de la personalidad en el abuso de sustancias, sí va a guiar los pasos hacia aquello que se quiere y busca.

Son muchas las variables de la personalidad que podrían estar implicadas, en función del modelo teórico que se emplee; pero quizás el narcisismo esté destacando en los últimos años como característica determinante del comportamiento.

El narcisismo es aquella percepción de uno mismo, muy relacionado con la autoimagen y la autoestima, que motiva conductas autocomplacientes.

En el extremo se encuentra el narcisismo patológico, que conduce a una distorsión de la realidad, con pensamientos de grandiosidad, fantasías de tener capacidades ilimitadas, sentirse superior a los demás, e incluso perfecto. Donde se observa una escasa moral en aquello que le satisface, no considerando que se equivoca nunca, motivado únicamente por las recompensas y sin ningún remordimiento por lo que hace, pero ¿Qué papel juega el narcisismo en el abuso de sustancias?

Esto es precisamente lo que se trata de averiguar con una investigación desde el Departamento de Psicología, Universidad de Mohaghegh Ardabili, junto con el Departamento de Psicología, Universidad de Guilan, y el Departamento de Psicología Clínica, Universidad de Allameh Tabataba'i (Irán) cuyos resultados han sido publicados en la revista científica Personality and Individual Differences.

En el estudio participaron doscientos alumnos universitarios con edades comprendidas entre los 19 a 35 años, de los cuales el 38,5% eran mujeres.

A todos ellos se les administró un cuestionario estandarizado para evaluar los niveles de narcisismo patológico a través del Pathological Narcissism Inventory (P.N.I.); igualmente se evaluó su nivel de adicción al alcohol y otras drogas a través del Addiction Acknowledgment Scale; además se evaluó el autocontrol mediante el Cognitive Self-Control Scale; y por último se administró las escalas B.I.S. y B.A.S. para evaluar la sensibilidad a realizar o inhibir comportamientos en busca de recompensa.

Entre los efectos principales se ha encontrado que el narcisismo patológico y el comportamiento activo se relacionan significativamente con el abuso de sustancias. Mientras que el comportamiento inhibitorio y el autocontrol se relaciona significativamente con la prevención del abuso de alcohol u otras sustancias.

Los resultados sobre los efectos combinados muestran que existe una relación significativa positiva entre el narcisismo patológico y el comportamiento activo hacia las drogas, mediado por bajos niveles de autocontrol. Existe también una relación significativa negativa entre el comportamiento inhibitorio y el autocontrol.

Hay que tener en cuenta que el análisis sobre el abuso de sustancias se realiza mediante un cuestionario estandarizado y no sobre otro tipo de evaluaciones más objetivas, tampoco se ha evaluado el tipo de sustancia que se consume, la edad de inicio de su consumo, "motivos" por lo que lo hace...

Igualmente, la población objeto de estudio, universitarios iraníes, hace que se requiera de nueva investigación para comprobar si se mantienen las mismas relaciones en otras poblaciones.

Por último, a pesar de que los autores han tratado de ofrecer un modelo con las relaciones significativas positivas y negativas de estas cuatro variables, este no ha ido acompañado de un modelo teórico que lo sustente.

Aun y con las limitaciones anteriores hay que destacar la complejidad de la conducta de abuso de sustancia, y de cómo están implicadas en ella variables de personalidad, lo que va a dificultar el tratamiento para su desintoxicación.

Así el narcisismo patológico va a jugar un papel destacado en el abuso de sustancias, aspecto que se habrá de trabajar si se quiere modificar estas conductas, sabiendo que tratar de cambiar la personalidad conlleva mucho esfuerzo y en la mayoría de los casos pocos resultados.

Destacar que los datos ofrecen una vía de trabajo, en cuanto al autocontrol como modo de prevenir el abuso de drogas, característica que se educa reforzando la I.E.

Por tanto, una correcta intervención con un programa de I.E. donde se refuercen las habilidades de autocontrol tendría que servir para prevenir el consumo de sustancias.

CAPÍTULO 3. LA RESILIENCIA

Si se habla del papel del estrés en el mundo emocional y sus consecuencias sobre el organismo se ha de hacer referencia a la resiliencia, el cual se ha convertido en un concepto clave en los últimos años en la psicología como modo de afrontamiento de la vida, comparable con la I.E. Si bien el término de resiliencia surgió del testimonio de los supervivientes de los casos más extremos a los que se puede someter a una persona, tal y como fueron los supervivientes de los campos de concentración nazi en la Segunda Guerra Mundial.

En donde se analizó, por qué unos habían sobrevivido y otros no, y de los supervivientes, por qué unos conseguían "rehacer su vida" y otros estaban sumidos en la desesperación; y eso que todos habían vivido los mismos horrores de la guerra.

De este análisis y de testimonios como el de Viktor Frankl, quien desarrolló la logoterapia como método de afrontamiento de estas situaciones; es de donde surgió esta especie de "fórmula" para sobreponerse a cualquier adversidad; algo que parece estar ligado con el carácter de la persona, pero también con su forma de pensar y de ver la vida.

Actualmente este concepto se emplea en terapia, no sólo para atender a las personas que han sobrevivido a situaciones extremas, sino para ayudar a las mismas a superar las dificultades diarias de la vida, encaminadas a reforzar esa resiliencia que todos tienen dentro, pero ¿Cuál es el papel de la familia en la resiliencia?

Esto es lo que se ha tratado de averiguar mediante la realización de una investigación por parte de la Escuela Universitaria Duke, la Universidad Tecnológica de Nanyang, y el Instituto de Salud Mental (Singapur) cuyos resultados han sido publicados en la revista científica Psychology.

Para ello buscaron una situación extrema donde analizarlo y lo encontraron en el personal sanitario encargado de atender a los pacientes más contagiosos, y cuya enfermedad por su virulencia ponían en peligro la vida de cualquiera que estuviese próximo sin la protección adecuada.

Tal es el caso de las enfermeras que trabajan en la atención sanitaria ante una epidemia, es por ello que el estudio se llevó a cabo con enfermeras y sus familiares.

Se realizaron dos estudios, en el primero participaron treinta enfermeras con edades comprendidas entre los 30 a 56 años y una media de 10 años de servicio. Se les pasó una entrevista semiestructurada para comprobar su nivel de estrés y su experiencia al trabajar con el S.A.R.S. (siglas en inglés de Síndrome Respiratorio Agudo Grave).

Las respuestas fueron categorizadas en función de los términos más empleados por las enfermeras, las cuales intentaban definir su forma de pensar.

En el segundo estudio participaron ciento once enfermeras y setenta y ocho de sus familiares. A todos ellos se les administraron tres pruebas, una escala de resiliencia familiar, una de resiliencia personal, y una tercera sobre su propio estado de la salud percibida.

Los resultados muestran en el primer experimento, que estas enfermeras se definían por un espíritu de sacrificio para con su familia, con una buena capacidad de gestión emocional, y unas fuertes convicciones religiosas; factores todos ellos incluidos en la resiliencia.

Con respecto al segundo estudio, se analizaron los resultados obtenidos, con lo que se pudo extraer factores que estaban implicados en la resiliencia en el ámbito familiar, el valor de la solidaridad en la familia, la capacidad de regulación emocional, las habilidades de manejo de la situación, y las creencias religiosas.

Comparando estos resultados con los anteriores, se puede concluir que la resiliencia individual puede ser predicha en función de la resiliencia familiar, es decir, la persona es capaz de superar hasta las más duras dificultades, si así se lo han enseñado en el ámbito familiar desde pequeño.

Hay que destacar que el estudio analiza una población muy concreta en un país con una idiosincrasia particular, por lo que los resultados deben ser corroborados en otras poblaciones y localizaciones para poder concluir al respecto.

La aportación del estudio, es que incide en que la resiliencia se aprende en el ámbito familiar, no es que esta te prepare para "lo peor", pero sí que en este ámbito se desarrollan las habilidades necesarias para afrontar las dificultades de la vida diaria.

Una educación en donde se desarrolle la I.E., se refuerce la autoestima, e incluso se cultiven valores espirituales, parecen estar en la base de un futuro adulto preparado para superar hasta las dificultades más complicadas que se pueden ir presentando en la vida.

Pero sin llegar a los extremos, estos pequeños, que crecen en una familia resiliente, van a estar mejor preparados para superar la frustración del fracaso, viéndolo como una oportunidad de aprender y crecer, y con ello facilitándole el camino hacia el éxito en aquello que se proponga.

De ahí la importancia de que los padres, primero aprendan qué es la resiliencia y cómo se cultiva, para luego poderlo expresar y compartir con sus hijos, para facilitarles de esa forma un mejor futuro para ello.

La resiliencia es una capacidad que se puede aprender y desarrollar, y que tiene un papel fundamental a la hora de proteger a la persona, ya que todo el mundo está expuesto al estrés diario, pero con un desarrollo adecuado de la resiliencia se puede aprender a superar las dificultades que vayan surgiendo, por ello es importante enseñarlo a los pequeños en edades escolares.

El boom de los años ochenta sobre la Psicología Emocional, y en concreto de su rama más aplicada de la I.E., ha permitido el desarrollo de todo un vocabulario tan específico que a veces no se está familiarizado con todos ellos, como es el caso de la Resiliencia, que puede ser entendida como el conjunto de capacidades y habilidades personales que tiene a disposición el individuo para hacer frente a las situaciones más difíciles y salir victorioso de las mismas.

Aunque algunos lo han identificado con una cualidad personal con la que se nace, algo así como el carisma, mayoritariamente se considera que se puede entrenar y mejorar, permitiendo así tener las herramientas adecuadas para superar el día a día.

Algo que es fundamental para cualquier trabajo o profesión, pero ¿A partir de qué edad es adecuado aprender a manejarse incrementando así la Resiliencia?

Esto es precisamente lo que ha tratado de resolver un estudio realizado por la Universidad de Hong-Kong (Hong-Kong) cuyos resultados han sido publicados en la revista científica Universal Journal of Health.

En el estudio participaron doscientos cincuenta y siete estudiantes de instituto, teniendo el 86% entre los 16 a 20 años; y el resto más de 20 años, la mitad de los cuales eran chicas.

A todos se les administró una serie de cuestionarios para conocer su nivel de estrés, si existía sintomatología física asociada al estrés, la presencia de depresión, el nivel de autoconfianza, autoestima y optimismo del estudiante.

Los resultados informan que sobre la mitad de los participantes consideran que tienen una buena resiliencia unido con el nivel de autoestima y de autocontrol personal.

En cuanto a comparación en función del género se encontraron mayores niveles de ansiedad y estrés con una menor percepción social entre las participantes que entre los chicos.

Con respecto a los hijos de familias monoparentales que se corresponde con el 10% de los participantes, se observó que mostraban menores niveles de resiliencia y de autoestima comparado con el resto de sus compañeros.

Los resultados son cuanto menos preocupantes, debido a que la mitad de los estudiantes tienen una baja resiliencia, algo que se puede entrenar y que resulta muy útil tanto para aumentar la autoestima como el desempeño académico, además tal y como mencionan los autores, una escasa resiliencia puede acarrear un trastorno del sueño, asociado a la ansiedad, así como otros trastornos psicosomáticos.

El estudio destaca que son pequeños en formación, y al igual que se preocupan desde el centro educativo de que hagan deporte porque están desarrollándose físicamente, también sería conveniente establecer programas de enseñanza de resiliencia, con lo que mejorar su I.E. y con ello hacerles más competentes a la hora de afrontar el estrés y la ansiedad, algo que por otra parte parece afectar en mayor medida a las chicas que a los chicos, al respecto, a pesar de haber sido encontrado en otros estudios anteriores no parece estar todavía suficientemente explicado.

Pero si hasta se ha hablado de situaciones estresantes en los menores, especialmente en la escuela, en esta etapa crítica del desarrollo, donde los cambios son continuos, el divorcio o separación de los padres puede ser un factor importante de estrés.

Aspecto que algunos autores han descrito que va a ir acompañado de toda una sintomatología como tristeza, miedo, ansiedad, sensación de abandono, ira y deseo de reconciliación por parte de los progenitores.

Todo ello va a verse reflejado igualmente en una caída del rendimiento escolar, al "perder" el interés por las actividades académicas, lo que les va a conducir a una sensación de infelicidad.

Algo que no hace sino dificultar el complicado paso del divorcio, donde cada uno de los padres se va a vivir independientemente, y donde al joven le toca visitarlos a cada uno de ellos, en algunos casos semanalmente, dependiendo del régimen de visitas acordado, o bien según se haya establecido en sentencia ante la imposibilidad de acuerdo.

Una situación de adultos que aun siendo "pacífica" tiene consecuencias sobre la salud física y psicológica del adolescente, pero cuando esta situación además se produce de forma "no pacífica", va a tener mayores consecuencias, convirtiéndose en algunos casos el joven en "intermediario" a la vez que víctima de los sentimientos negativos encontrados entre los padres, y todo ello sin tener culpa alguna del origen o desarrollo de la situación de divorcio.

Pero estos síntomas anteriormente descritos y la infelicidad consecuente, no se produce en todos los casos, ya que también va a depender de la madurez del adolescente, el grado de conflictividad familiar, e incluso la ausencia prolongada previa de alguno de los padres que se divorcian, pero también juegan factores de la personalidad del joven como la resiliencia que ayuda a proteger del estrés que esta situación provoca, pero ¿Cómo afecta a los adolescentes el divorcio de los padres?

Esto es precisamente lo que se ha tratado de responder con una investigación diseñada desde la Universidad de Bolu Atatürk y la Universidad Abant Izzet Baysal (Turquía) cuyos resultados han sido publicados en la revista científica Psychology.

En el estudio participaron ciento cuarenta y cuatro adolescentes, de los cuales setenta y cinco eran chicas.

A todos ellos se les administraron tres escalas estandarizadas, una escala para evaluar el sentimiento de soledad y abandono, mediante el U.C.L.A. Loneliness Scale; una escala sobre sensación de felicidad, usando el Life Satisfaction Scale y una para evaluar el nivel de resiliencia denominado Adolescents Resilience Scales.

Los resultados informan de una relación negativa significativa entre la sensación de felicidad y la de soledad; una relación negativa significativa entre resiliencia y la soledad; y una relación significativa positiva entre la sensación de felicidad y la resiliencia.

Observándose que la aparición de la soledad se produce sólo ante unos niveles bajos de sensación de felicidad y de resiliencia, luego puede ser considerado al sentimiento de soledad como un factor predictivo de futuros problemas asociados al divorcio, que hay que tener en cuenta, evaluar y tratar antes de que provoquen mayores problemas en los adolescentes.

A pesar de la claridad de los datos, la investigación adolece de un grupo control con el que establecer si los niveles de sensación de soledad, felicidad o resiliencia son superiores o inferiores a los de la población de jóvenes cuyos padres no se han divorciado.

Si hay algo que destacar del estudio es que resalta la importancia del cultivo de factores tan importantes como el sentimiento de felicidad o la resiliencia para evitar que aparezca la tristeza y la sensación de abandono en los adolescentes cuyos padres se han divorciado.

La resiliencia, como parte de la I.E. es fundamental para superar las situaciones de la vida cotidiana pero también aquellas otras que pueden llegar a "marcar" al adolescente como es el divorcio de sus padres, pero cuando se habla de resiliencia no sólo se puede hacer referido a las etapas de la infancia y la adolescencia, pues es algo que va a acompañar toda la vida, y que va a proteger como si fuese un "escudo" hasta de las situaciones extremas a las que se tiene que enfrentar.

En algunos países, en los últimos años, y debido a la crisis económica que los ha azotado, ha hecho que el número de personas que viven en la calle aumente considerablemente. Bien porque sean personas que han perdido su puesto de trabajo, o por otro tipo de problemas económicos.

Individuos que hasta hace no mucho, llevaban una vida normal, tal y como pensaban, y ahora se tienen que enfrentar a una nueva realidad, de incertidumbre, pero que se va a ir auto alimentando, de forma que cuanto más tiempo en la calle, menos posibilidades de reinserción tendrán, pero si son muchos los factores sociales, y de inclusión, a los que se ve sometida la persona, ¿Qué consecuencias psicológicas tiene vivir en la calle?

Esto es lo que ha tratado de responder mediante una investigación realizada conjuntamente por la Universidad de KwaZulu-Natal (Sudáfrica) y el Colegio Universitario de Ciencia y Tecnología Regent (Ghana) cuyos resultados han sido publicados en la revista científica International Journal of Mental Health Systems.

En el estudio participaron doscientos veintisiete jóvenes con edades comprendidas entre los 8 a 19 años, de los cuales el 46% eran mujeres.

Se emplearon varias medidas para evaluar el nivel de salud psicológica de los jóvenes, el S.D.Q. (siglas en inglés de Cuestionario de Fuerza y Dificultades) que evalúa comportamientos disruptivos en los jóvenes; la M.S.P.S.S. (siglas en inglés de Escala Multidimensional de Apoyo Social Percibido); la C.D.-R.I.S.C. (siglas en inglés de Escala de Resiliencia de Connor-Davidson); la Escala de Estigma Social de Kidd, y la Encuesta de Comportamiento de Riesgos en la Juventud Africana, cuatro preguntas sobre el suicidio, cinco sobre la adicción a sustancias y once sobre comportamiento violento.

Los resultados informan del 87% de los jóvenes en la calle presentan sintomatología psicopatológica, con problemas emocionales en el 68,9%, de conducta en el 73,8%, problemas de hiperactividad e inatención en el 53,9%, y problemas de relaciones en el 88,6% de los jóvenes. Todo ello rodeado de un gran estigma y falta de apoyo social percibido lo que agrava aún más la situación personal.

Aunque los resultados no son del todo novedosos, pues ya se habían informado con anterioridad, de un mayor incremento de psicopatología entre las personas que viven en la calle. El estudio hace especial hincapié en los efectos psicológicos entre los más jóvenes y vulnerables.

Lo que recuerda que, a la hora de atender a este colectivo, no sólo se requiere de medios materiales, sino también de ayuda psicológica al respecto.

Además, estas personas en la calle que sufren de psicopatología, con bajos recursos y posibilidades, escasamente van a poder seguir un tratamiento psicofarmacológico cuando sea requerido.

De ahí la importancia de este estudio a la hora de hacernos reflexionar sobre un colectivo al que escasamente se le atiende desde el punto de vista psicológico, mayoritariamente por la estigmatización social que sufren.

Pero el estudio requiere de nuevas investigaciones para poder extender sus conclusiones, ya que está muy centrado en una sola región, y en una cultura muy específica, por lo que falta determinar si en otras culturas se sufre la misma estigmatización.

En una situación tan dura como el de verse en la calle, emocionalmente afecta a dos cuartos de las personas analizadas, deduciéndose que las restantes, a pesar de pasar por lo mismo se han visto protegidas por su resiliencia.

Por todo lo expuesto hasta ahora se puede concluir que el papel de la I.E., y de la resiliencia en su caso, va a ser de gran importancia para toda la vida, desde los primeros años en la escuela hasta el final de la vida, y que cuanto más se desarrolla la I.E., y la resiliencia en concreto, con mayores posibilidades de éxito se puede salir de las situaciones estresantes, incluso hasta de las más difíciles.

CAPÍTULO 4. EDUCANDO LA INTELIGENCIA EMOCIONAL

Entrevista con D. Bruno Moioli Montenegro, Experto-Trainer en I.E., Psicólogo Executive Coach 3.0, Conferenciante y Autor, quien explica al detalle el entrenamiento en I.E.

- ¿Cuándo necesita una persona entrenar en I.E.?

Inteligencia Emocional: Aprende a sacarle el máximo partido

Desde el comienzo de la vida de cualquier persona los modelos cercanos van a influir en la adquisición de competencias, pero si se hace de una manera consciente, programada incluso, por ejemplo, a través del sistema educativo, estas van a interiorizarse con mayor facilidad y ayudarán a construir la personalidad y comportamientos asertivos. Por señalar factores que indican la necesidad de su entrenamiento, diría que cuando hay una importante y mantenida insatisfacción vital y profesional, cuando la persona no es buena resolviendo conflictos o adaptándose a su entorno, etc. Igualmente, en la vida adulta se pueden entrenar de manera específica estas competencias y habilidades, en ocasiones forman parte de paquetes de tratamientos terapéuticos, en Psicología de la Salud y en Psicología Clínica, que ayudan a un profundo conocimiento y gestión personal. En las últimas décadas en el mundo de la empresa empieza a ser frecuente el dotar mediante entrenamientos específicos a los profesionales de recursos en I.E.

- ¿Cómo es el proceso de entrenamiento en I.E.?
El entrenamiento en I.E., consta de varias fases, donde el peso lo tiene la experiencia vivida, que es la que aporta mayor aprendizaje a la persona. Y este entrenamiento suele estar dividido en cuatro bloques de varias semanas de duración, Autoconocimiento, Autogestión emocional, Conocimiento Social y Gestión de las Relaciones, los propios de la I.E. (si bien algunos autores distinguen un 5º, Automotivación, que en realidad viene a formar parte de la Autogestión).

Siguiendo el proceso de autoaprendizaje descrito por R. Boyaztis, el entrenamiento y adquisición de competencias pasa por plantearse una serie de cuestiones y trabajar en ellas, 1ª ¿Quién soy? 2ª ¿Quién quiero ser? 3ª ¿Cómo lo voy a hacer? 4ª ¿Cuánto voy a practicar?, y estas cuestiones son fundamentales pues la motivación para el cambio surge del descubrimiento del Yo ideal y del Yo real desde aquí con los inventarios o cuestionarios al uso (BarOn Emotional Quotient Inventory, Emotional & Social Competence Inventory, Genos Emotional Intelligence Inventory, el M.S.C. E.I.T., etc.) que detectan la presencia de las competencias, se trabajan en ellas de manera específica según y esto es significativo, las fortalezas encontradas y no tanto las carencias. Sí, de hecho, se trabaja los objetivos desde las fortalezas de la persona, en planes graduados y escalonados. Y esto es así porque se sabe que el énfasis de trabajo sobre las debilidades suele activar la corteza prefrontal derecha, surgiendo sentimientos de ansiedad y resistencias. ¿Y cuáles son las modalidades de aprendizaje habituales?... La experiencia concreta que permita ver y experimentar lo que se está aprendiendo, la reflexión (metacognición) sobre la propia experiencia y la de los demás, aprendizaje desde el acierto-error.

- ¿Cuáles son los objetivos esperables del entrenamiento en I.E.?
Conocer e identificar en uno mismo y en otras personas los fenómenos cognitivos, actitudinales y psicológicos en los que se fundamenta la vivencia emocional. Potenciar la relación positiva y armoniosa con las propias emociones, desde la sensibilización, la comprensión, la legitimación, la normalización y la gestión básica; Sensibilizar en la estimulación del bienestar, y de una vida valiosa y satisfactoria.

- ¿Existe algún requisito o límite en los participantes del entrenamiento en I.E.?

Inteligencia Emocional: Aprende a sacarle el máximo partido

No lo hay en principio, hablamos de competencias universales, que están en potencia en todas las personas, y que las experiencias y contextos facilitan o dificultan su expresión, es decir son inherentes al ser humano. Tal vez si la persona sobre la que se trabaja presenta un trastorno emocional agudo en el momento de trabajar la I.E., tenga ciertas resistencias que no impiden su aprendizaje, pero si enlentecen el proceso.

- ¿Cuánto tiempo requiere un entrenamiento en I.E.?
Depende de los objetivos que se contemplen y del contexto donde se aplique, en este sentido encontramos programas de pocas sesiones de duración, que persiguen sensibilizar sobre el tema y consiguen pocos cambios y nada duraderos, hasta programas sólidos y bien implantados en organizaciones empresariales o educativas de varios meses de duración, para aplicar tanto en formato individual como grupal, ofreciendo este último unas ventajas indudables, sobre todo en la práctica de competencias sociales, ¿Lo ideal? Trabajar en distintos momentos vitales ayudando a la persona a su maduración y adaptación a cuestiones concretas de su experiencia en esos momentos. Mientras se hace, la lectura de algunos libros de divulgación, acercan al lector a la comprensión de estas cuestiones y señalan prácticas cotidianas y hábitos sencillos para incorporar a la propia conducta.

CAPÍTULO 5. TRASTORNOS DE DEPRESIÓN Y ANSIEDAD

Hay que tener en cuenta que el desarrollo de la I.E. permite a la persona conocer sobre su mundo emocional, detectando los primeros síntomas de estrés para poder poner "remedio" ofreciendo la respuesta emocional más ajustada.

Una falta de la I.E., ya sea porque no se ha desarrollado, o bien porque se sufre de alexitimia, en ambos casos se va a favorecer que no se sepa responder adecuadamente a las demandas del exterior, lo que puede conllevar trastornos psicológicos asociados al manejo inadecuado de las emociones.

El estrés está en la base del trastorno de ansiedad, algo que con un adecuado desarrollo de la I.E. no debería de provocar mayores efectos, ya que se puede aprender a manejar las situaciones estresantes, para convertir aquello en una respuesta adecuada.

Igualmente, la frustración de un mundo emocional inadecuado, o de una emoción que desborda a la persona, puede sumirla en una tristeza profunda, y está desembocar en un trastorno de depresión mayor.

Algo que, con un desarrollo emocional adecuado, permitirá al individuo solicitar ayuda de las personas allegadas e incluso del especialista, cuando quien lo sufre es consciente de que la tristeza que vive es demasiado intensa.

El desarrollo de la I.E. va a permitir prevenir estos trastornos del estado de ánimo, a la vez que las técnicas de entrenamiento en I.E. se emplean como complemento terapéutico al tratamiento de estos trastornos emocionales.

A continuación, se exponen cómo se relacionan los trastornos del estado de ánimo con la I.E., todo ello ejemplificado con las últimas investigaciones realizadas en este ámbito.

Teniendo en cuenta que, si algo ha caracterizado a la sociedad occidental, especialmente en la última década ha sido en la búsqueda de la felicidad.

Al respecto se han escrito cientos de manuales de auto-ayuda, tratando de enseñar a descubrir la felicidad personal.

Aunque cada autor la ha definido de forma diferente, y ha establecido un camino distinto para alcanzarlo, parece que todos han coincidido en entender que la felicidad es una necesidad social, a la que hay que dar respuesta.

Pareciera que todos debieran alcanzar la felicidad, como si de una norma social se tratase, ¿Quién no querría ser feliz?, no siendo suficiente con tener un trabajo, una casa o un coche, pero ¿No alcanzar la felicidad puede llevar a la depresión?

Esto es precisamente lo que se ha tratado de averiguar con una investigación realizada desde la Escuela de Psicología, Universidad de Nueva Gales del Sur y la Universidad Católica Australiana (Australia) junto con el Departamento de Psicología, Universidad de Leuven (Bélgica) cuyos resultados han sido publicados en la revista científica Social Psychological and Personality Science.

En el estudio participaron doscientos estudiantes universitarios belgas con un rango de edad entre los 17 a 24 años, de los cuales ciento diez eran mujeres, extraídos de una muestra de seiscientos ochenta y seis voluntarios, todos ellos recibían una compensación económica por participar.

Se evaluaron las expectativas sociales, especialmente en lo que respecta a las emociones negativas, ante la soledad, depresión, tristeza o ansiedad; se midió la presencia de sintomatología depresiva mediante la escala estandarizada denominada C.E.S.-D. (Center for Epidemiological Studies Depression); se evaluó el nivel de soledad percibida mediante la U.C.L.A. Loneliness Scale.

Todos los participantes pasaron por una situación donde se les manipulaba emocionalmente, haciendo sentir al estudiante mejor o peor consigo mismo.

Los resultados muestran que aquellos alumnos que tienen mayores expectativas sociales para alcanzar la felicidad son los que peor soportan no alcanzarlo, provocando en ellos sentimientos de soledad y depresión.

En cambio, los alumnos que tenían bajas expectativas sociales sobre la posibilidad de alcanzar la felicidad, resultaron ser los más tolerantes ante el hecho de no lograrlo, no presentándose de forma tan acusada los sentimientos de soledad y depresión.

Aunque los autores del estudio señalan que los resultados anteriores pueden ser diferentes en otras localizaciones, como en el caso de la civilización oriental, donde los valores y normas sociales cambian; a pesar de señalarlo, no lo han investigado.

Entre las limitaciones del estudio, indicar que se trata de un ambiente experimental, alejado de la validez ecológica, por lo que precisa de nueva investigación para comprobar si los datos se mantienen en la vida diaria de los participantes.

El problema es, por supuesto, que no se puede ni debe manipular la vida del participante para conseguir que sea exitosa o un fracaso, para ver si correlaciona o no con las expectativas sociales.

A pesar de lo cual, los resultados de la investigación deben hacernos reflexionar sobre las exigencias sociales, y cómo estas en ocasiones en vez de facilitar el camino, lo entorpecen, al pedir más de lo que la persona puede conseguir, convirtiéndolo en un "fracasado social", lo que acarrea sentimientos negativos que pueden conducir a un trastorno de depresión mayor.

Una variable importante y fundamental a la hora de relacionar las experiencias vitales con las emociones es la I.E., aspecto que tampoco ha sido evaluado en este estudio.

Una adecuada formación durante la infancia en la I.E., va a permitir a la persona tener las herramientas necesarias para afrontar la frustración que provoca no poder llegar a las expectativas sociales de la felicidad, cuando esta no se alcanza.

Pero si bien se ha observado sobre los beneficios del entrenamiento en I.E., ¿Qué pasa con los pequeños con Autismo?

Muchas son las características asociadas al T.E.A. (Trastorno del Espectro Autista), pero algunas son menos conocidas como los problemas de ansiedad asociados.

Cualquiera que haya podido convivir con una persona que sufre un T.E.A., se dará cuenta de cómo en muchas ocasiones muestra síntomas de ansiedad, ya sea por incapacidad de comunicarse adecuadamente, o por no entender las instrucciones e indicaciones de los demás.

El niño autista, a medida que va creciendo, puede ir también adquiriendo conciencia sobre sí mismo, y sus diferencias con respecto al resto de los niños de su edad.

Ver como otros juegan tranquilamente o son capaces de comunicarse con cierta ligereza, puede provocar problemas en el pequeño al verse imposibilitado, o disminuido en sus habilidades comunicativas.

Pero hay que recordar que el retraso en el desarrollo que pueden mostrar estos menores, no se circunscribe únicamente al ámbito de la comunicación, sino que incluso se puede observar a nivel motor, con la expresión de movimientos generalizados o retraso en el desarrollo de la psicomotricidad fina.

Esto va a llevar a que el pequeño además ve incrementados sus niveles de ansiedad al querer actuar como los demás.

Debido a lo cual hay que indicar que los pequeños con T.E.A. suelen sufrir de problemas emocionales, al no entender y vivir las emociones como los demás.

Todo ello va a formar un cuadro de trastorno de ansiedad, algunos estudios han indicado que esto se puede encontrar hasta en un 40% de los pequeños con autismo, pero cuando se está hablando de ansiedad, no se habla únicamente de un nivel elevado de activación personal, con sudoración y movimientos inquietos, sino que incluso puede llegar a manifestarse con el padecimiento de fobias presente en un 30% de los niños o del trastorno obsesivo compulsivo en un 17% de los pequeños diagnosticados con T.E.A.

Con respecto al nivel de ansiedad, hay que tener en cuenta que existe una diferencia entre el nivel real de la persona, es decir, el nivel de excitación, de nerviosismo, de aquel que uno mismo es capaz de darse cuenta de informar.

Normalmente desde fuera es mucho más fácil observar y definir los niveles de ansiedad, a diferencia de otros sentimientos como el de la depresión.

En cambio, la persona cuando está incursa en un estado ansioso elevado, es posible que ni siquiera se dé cuenta de ello, ya que los propios "nervios", le impiden tener la suficiente tranquilidad para percatarse, pero ¿Qué pasa con los pequeños diagnosticados con T.E.A.?

Esto es precisamente lo que ha tratado de responderse con una investigación por parte de la Universidad de Deakin y la Universidad de Monash (Australia) cuyos resultados han sido publicados en la revista científica Autism Research and Treatment.

En el estudio han participado dos grupos con edades comprendidas entre los 8 a 13 años, el primero conformado por cuarenta y cuatro pequeños diagnosticados con T.E.A. siguiendo el D.S.M.-V, de los cuales veintitrés eran niñas; mientras que en el segundo participaron cuarenta y cuatro que no mostraban sintomatología alguna al respecto, que actuarían como grupo control.

A todos los participantes y a sus padres se les administró una escala estandarizada denominada Spence Children's Anxiety Scale, empleada para evaluar el nivel de ansiedad percibido, ya que el estudio ha tratado de explorar los niveles de ansiedad percibidos tanto por los pequeños como por sus padres, para ver si existen correspondencia entre ellos o no.

Igualmente se analizó el nivel de ansiedad experimentado por los pequeños a través del cuestionario V.A.S. (Visual Analogue Scale).

Los resultados informan que no existen diferencias significativas entre los informes de los padres y sus hijos, en el grupo control. Mostrando una disparidad significativa en el grupo de los pequeños diagnosticados con T.E.A., lo que refleja que estos muestran importantes problemas incluso en conocer e informar de sus niveles reales de ansiedad, aspecto que ya se había observado con anterioridad con otras emociones en las investigaciones del mundo emocional de estos pequeños.

Un aspecto importante y a destacar de este estudio es que utiliza el mismo número de niños y niñas, algo de lo que adolece la mayoría de estudios que trabajan con pequeños con el diagnóstico de T.E.A.

Hay que recordar que existe cierta polémica a la hora de establecer el diagnóstico entre niños y niñas, donde el índice de niños diagnosticados son tres veces más que los de niñas con autismo, por lo que muchos estudios únicamente se centran en ellos, ya que son más numerosos y fáciles de encontrar en centros especializados.

Un efecto encontrado no suficientemente explicado por los autores del estudio, es con respecto a las semejanzas en cuanto a los niveles de ansiedad entre niños y niñas con T.E.A.

Tradicionalmente se ha considerado que las niñas tienen una mayor I.E., y por ello son capaces de descifrar mejor las emociones de los demás, pero también de manejar sus propias emociones, lo que jugaría a su favor para tener y mostrar menores niveles de ansiedad que los niños.

En su contra, esta que, en la época de la pubertad, tal y como señalan los autores del estudio, se produce un incremento en los niveles de ansiedad de todas las chicas, como consecuencia de una mayor demanda social.
Ambas tendencias podrían explicar por qué no existen diferencias entre los resultados de los niños y las niñas a esta edad en cuanto a los niveles de ansiedad percibidos.

CAPÍTULO 6. TEORÍA DE LA MENTE

La I.E. es un constructo que requiere de cierto nivel de desarrollo de la persona, dado por su experiencia y por lo que aprende de lo que le sucede a los demás.

Es decir, se va aprendiendo a ajustar la forma de expresar lo que se siente a las circunstancias en donde se encuentra, pero como paso previo a poder comprender y entender las emociones personales, hay que tener un adecuado desarrollo de la Teoría de la Mente.

La Teoría de la Mente, da cuenta de un fenómeno que se creía exclusivo de la raza humana en comparación con otras especies animales, por el cual una persona es capaz de entender que otra tiene sus propios gustos y formas de pensar, lo que le ayuda a predecir su comportamiento; siendo el engaño la forma más fácil de evidenciar esta teoría.

Si soy capaz de engañar al otro, es que sé lo que va a pensar esa persona y yo me anticipo para beneficiarme de ello.

Un comportamiento que se pensaba que era exclusivo de los humanos, hasta que se comprobó cómo también lo exhibían primates superiores, más próximos evolutivamente.

Actualmente desde la zoología y la biología en general, se muestran multitud de ejemplos de "engaños" dentro del reino animal, algo que no está aceptado por todos, que sea suficiente para determinar que existe Teoría de la Mente.

Como se ha visto, se considera que existe Teoría de la Mente cuando se es capaz de engañar a otros, ya sea en beneficio propio o para evitar algún perjuicio, pero igualmente se acepta que existe dicho desarrollo si se es capaz de identificar cuándo están intentando engañar.

Una de las capacidades más útiles para el desarrollo en sociedad es la posibilidad de detectar falsas creencias tanto en uno mismo como en los demás.

Se considera que un niño tiene desarrollada esta capacidad cuando puede detectar los pensamientos propios y los de los demás, y compararlos con la realidad, dándose cuenta de cuando se produce un engaño.

Los humanos lo desarrollan como parte de la socialización, por el cual somos capaces de identificar el lenguaje no verbal de los demás y descifrarlo adecuadamente con lo que darse cuenta de si tratan de engañar, o de poder engañar a otros.

Esta habilidad que se desarrolla entre los 3 a 6 años y que se va perfeccionando a lo largo de la vida, permite a aquellos que la tienen poder pensar en lo que al otro le gusta, quiere y cree, como persona independiente.

Antes de que esta capacidad surja los pequeños piensan que todos los demás saben, creen y quieren lo mismo que él, no siendo capaz de establecer una clara diferencia entre el mundo mental interno y el externo.

Precisamente esta ausencia de separación entre lo interno y externo, es uno de los principios en los que se basan aquellos que indican que esta falta de desarrollo se ve sobre todo en los pequeños con el T.E.A.

Inteligencia Emocional: Aprende a sacarle el máximo partido

Una habilidad que les es muy difícil de cultivar y que llega a ser característica de su condición, lo que les cierra buena parte del desarrollo social basado precisamente en saber que el otro tiene sus propios pensamientos, sentimientos y deseos, independientemente de los propios.

A medida que se crece y se va teniendo más experiencia, siendo más capaces, ya no sólo de saber que los demás piensan de forma diferente, sino de identificar que cada una de las personas tiene su propia mentalidad, y de ahí va surgiendo la posibilidad de colaborar con los deseos del otro, o aprovecharse con engaños de ello, pero ¿Es posible entrenar a niños para detectar falsas creencias?

Esto es precisamente lo que se ha tratado de investigar con un estudio realizado desde la Universidad de Gerona (España) cuyos resultados han sido publicados en la revista científica Child Development Research.

En el mismo participaron setenta y ocho pequeños, de los cuales cuarenta y una eran niñas, con edades comprendidas entre los 41 a 47 meses.

A todos ellos se les requería tener un desarrollo "normal", por lo que tenían que pasar por una prueba de vocabulario estandarizado denominada Peabody Picture Vocabulary Test.

Se realizó un análisis previo y posterior tras el entrenamiento para comprobar la eficacia del mismo evaluado a través del Unexpected Content Task, donde se observaba si llegaban a comprender o no sobre las falsas creencias, lo que se completó con las respuestas razonadas sobre su elección.

Los resultados indican que aquellos niños con mejores puntuaciones en la prueba previa de comprensión de falsas creencias progresaron significativamente con el entrenamiento, mientras que aquellos que tenían puntuaciones bajas previas, no mostraron diferencias en cuanto al aprendizaje.

A pesar de informar sobre el número de participantes en función del género, no lo hacen con respecto al número de ellos que tenían mejores puntuaciones y que luego aprendieron más, lo que no permite concluir si los datos son igualmente válidos para ambos géneros, o este entrenamiento es más eficaz para niñas o para niños.

Igualmente, el número reducido de participantes hace que se requiera de nueva investigación al respecto.

Por último y no por ello menos importante, la implicación de este aprendizaje a la hora de aplicarlo con niños con T.E.A., los cuales normalmente van a tener una puntuación baja, por lo que el entrenamiento tal y como está diseñado no les serviría para superar esta deficiencia en el desarrollo tan importante para las habilidades sociales y con ello la integración con sus iguales.

Por tanto, el entrenamiento de la I.E. debe de estar adaptado a las propias necesidades de la persona para que sea efectivo, ya que tratar de formar en Teoría de la Mente, cuando no se tienen las bases para ello, es del todo ineficaz.

Aún queda por establecer la relación entre la I.E. y la Teoría de la Mente, para descubrir hasta qué punto una depende de la otra, ya que, si existe esa dependencia, los esfuerzos por la intervención en pequeños con autismo no se tiene que centrar tanto en el entrenamiento en I.E., si no en desarrollar previamente la Teoría de la Mente de los mismos.

Profundizando en este aspecto, hay que tener en cuenta que una forma habitual de engañar es mediante la mentira. Hay que aclarar sobre esta cuestión el concepto de mentira infantil, hay que tener en cuenta que para que sea una "auténtica mentira" tiene que tener una serie de elementos, como es la intencionalidad de engañar al otro, y para ello tiene que existir una diferenciación entre lo que yo pienso y lo que el otro piensa.

Esto que en adultos es evidente, no se desarrolla completamente hasta que los pequeños no tienen entre 6 a 8 años, en que se conforma la Teoría de la Mente, esto es, el niño aprende que es una persona individual, con pensamientos y sentimientos propios, y que los demás tienen su propia forma de pensar. Con esta premisa es posible llevar a cabo el engaño, para que el otro piense lo que uno quiere, siendo habitual en estas edades las expresiones como "Yo no he sido" o "Nadie me lo dijo".

Igualmente hay que establecer una distinción entre el tipo de mentira, entre la antisocial y la prosocial. La primera da cuenta de las mentiras que se dicen para conseguir lo que uno quiere o evitar algún tipo de castigo, y aunque pueden observarse a partir de los 2 años y medio, estas no se mantienen en el tiempo, y son fáciles de detectar.

Las segundas, las prosociales, tratan de que el otro se sienta bien con su mentira, es lo que en adultos se denomina como "mentiras piadosas", por ejemplo, cuando el pequeño dice a su madre que algo "Está rico" a pesar de estar algo quemado, sobre esta existe menos investigación al respecto, pero ¿Cuándo un padre debe de preocuparse por las mentiras de su pequeño?

Esto es precisamente lo que trata de explorarse con una investigación realizada conjuntamente desde la Universidad McGill (Canadá) y la Universidad de la Ciudad de Nueva York (EE.UU.), cuyos resultados han sido publicados en la revista científica Journal of Experimental Child Psychology.

En el estudio participaron setenta y nueve pequeños con edades comprendidas entre los 6 a 12 años, de los cuales treinta y seis eran niñas.

A todos ellos se les hizo pasar por una situación prediseñada denominada Paradigma del Regalo Decepcionante, en el que se le pide al pequeño que evalúe una serie de objetos como deseables o no.

Tras realizar unas tareas, un colaborador le da un regalo, una caja cerrada que han de abrir, en ocasiones va a contener algo deseable para el pequeño y otras, que no son de su preferencia (situación decepcionante). En todos los casos el colaborador le pregunta si le gustó el regalo.

En la segunda situación, la decepcionante, se observa si el pequeño quiere cambiar el regalo, dice que no le gusta o dice que le gusta, este último se considera una mentira prosocial, dicha para no disgustar al colaborador.

Igualmente, se les realizó una prueba para conocer hasta qué punto tenían desarrollada la Teoría de la Mente, además de un test de Stroop para observar la flexibilidad mental, y para concluir una prueba de memoria de trabajo evaluada mediante la subescala de Digit Span de la prueba de inteligencia estandarizada Wechsler Intelligence Scale for Children-Fourth Edition.

Los resultados informan de que no existen diferencias significativas entre los datos obtenidos entre niños y niñas.

En más de la mitad de los casos (59,5%) los pequeños mostraron mentira prosocial, y en ellos, se observaron que tenían significativamente un mayor desarrollo tanto en la Teoría de la Mente, como en cuanto a memoria de trabajo se refiere.

A pesar de la claridad de los resultados, los autores no entran a valorar por qué unos niños tienen un mayor o menor desarrollo de la Teoría de la Mente que otros, ni tan siquiera si existe relación entre esta y la edad del pequeño.

Hay que tener en cuenta que se trata de una situación prediseñada, por lo que la observación en un ambiente natural, es decir, en su casa o con sus amigos puede proporcionar mayor información al respecto que la que se obtiene en el laboratorio.

Por último, indicar que aquellos niños que muestran mentira prosocial parece ser que son los más desarrollados en las habilidades cognitivas evaluadas, por lo que hay que replantearse el concepto de mentira como algo negativo, por lo menos en lo que se refiere a la mentira prosocial o la mentira piadosa.

Quedando para próximas investigaciones la comparación entre los dos tipos de mentira, para saber si se produce a la misma edad o son independientes entre sí, porque esté sustentado por procesos diferentes.

La Teoría de la Mente tan necesaria para el desarrollo de la I.E. de los pequeños, se creía universal e igual para todos, pero un reciente estudio lo cuestiona.

La investigación transcultural permite comprender si existen fenómenos psicológicos constantes a pesar de la distancia y sobre todo de la cultura, o si estos se ven influidos por el país en donde se desarrolle el individuo.

Inteligencia Emocional: Aprende a sacarle el máximo partido

Uno de los temas que se han analizado es precisamente sobre la Teoría de la Mente, algo que surgió como una explicación válida y universal independientemente del lugar donde uno naciese, así se asume que surge en los más pequeños por su experiencia y por el propio desarrollo cognitivo asociado, aunque éste no es un proceso que evolucione a la misma "velocidad" en todos los pequeños, ya que depende del país donde se encuentre.

Al menos así, lo afirma una investigación llevada a cabo conjuntamente por tres universidades, la Universidad de Cambridge (Inglaterra), la Universidad de Kioto (Japón) y la Universidad de Pavia (Italia) cuyos resultados han sido publicados en la revista científica Child Development Research.

En el estudio participaron doscientos sesenta y ocho escolares, con edades comprendidas entre los 5 y 6 años, de tres países diferentes, Inglaterra, Italia y Japón, realizándose comparaciones entre sus niños.

Los datos obtenidos sobre la Teoría de la Mente evaluada con cuatro pruebas independientes, indican que los niños ingleses obtienen mejores puntuaciones que los japoneses y que los italianos.

Los autores sugieren que la "superioridad" en los resultados de la cultura occidental (inglesa e italiana) sobre la oriental (japonesa) tiene su origen en la desigual forma de ver la vida y de afrontarla, lo que explicaría estas diferencias en la Teoría de la Mente.

Mientras que la "superioridad" del inglés frente al italiano, se debe a que en el primero la incursión del pequeño en el sistema educativo se hace antes, por lo que, ante la misma comparación de edad, de 5 a 6 años, el pequeño inglés ya ha recibido suficiente estimulación que favorece un mayor nivel de Teoría de la Mente frente al niño italiano, que no ha tenido casi experiencia académica favorecedora al respecto.

Lo que evidencia distintos niveles de Teoría de la Mente en función de la localización y del sistema cultural en el que se ve inmerso desde pequeño.

Tal y como comenta el estudio, la importancia de conocer la Teoría de la Mente es porque ésta se relaciona con el éxito académico y social del pequeño, sobre el que se cimienta las experiencias positivas que le van a ayudar a un mejor desarrollo futuro.

Éste estudio abre la puerta a la comprensión del fracaso escolar y de la necesidad de revisar los modelos educativos de cada país, para proporcionar, no sólo un conocimiento adecuado a los alumnos sino también un ambiente de motivación y desarrollo cognitivo como es la Teoría de la Mente, debido al importante papel que éste va a jugar en otras áreas de la vida futura del pequeño, incluida la I.E.

Complementando lo que hasta ahora se ha dicho, según la teoría de la C.C.C. (Complejidad Cognitiva y de Control), los niños con hiperactividad tienen menos desarrollo en Teoría de la Mente y en flexibilidad cognitiva

La hiperactividad se puede definir como la inquietud mental o motora del pequeño que le impide concentrarse en una sola tarea durante mucho tiempo, que suele ir acompañado de intranquilidad motora, lo que hace que esté constantemente moviéndose.

Algo que puede llevar a provocar la irritación de algún profesor, ya que no sólo no se está quieto y desatiende, sino que además puede distraer a los demás compañeros con su actitud y comportamiento.

Esta hiperactividad hace, en algunos casos, que el pequeño sea incapaz de atender a las explicaciones del profesor, por lo que se va produciendo cierto retraso en el aprendizaje con respecto a sus compañeros, acentuando con ello la falta de interés del pequeño, ahora en unas materias que no comprende, cuando inicialmente tenía la misma ejecución que el resto de sus compañeros.

En algunos casos la hiperactividad puede dar pistas sobre un diagnóstico de T.D.A.H. (Trastorno por Déficit de Atención con Hiperactividad), pero no en todos los casos de hiperactividad se va a dar T.D.A.H.

Según la teoría C.C.C. los pequeños en su desarrollo normal usan una serie de habilidades como la flexibilidad cognitiva, que permite integrar relaciones complejas entre elementos aparentemente separados, lo que requiere de elevados niveles de atención, y posibilita un aprendizaje de alto nivel.

Igualmente, la flexibilidad cognitiva está implicada en otros procesos tan importantes como la Teoría de la Mente, esto es, la capacidad de saber y comprender los sentimientos e intenciones de los demás, con el que explicar y predecir el comportamiento del otro, pues bien, para llegar a ello es necesario que el pequeño desarrolle ésta flexibilidad cognitiva que además le va a ayudar a saber qué comportamiento es esperable en cada situación y con ello se facilita el autocontrol.

Con estos antecedentes, la teoría C.C.C. predice que aquellos niños con mayores niveles de flexibilidad mental van a mostrar mejor desarrollo de la Teoría de la Mente, lo que se va a traducir además en mayores capacidades de atención y de autocontrol de su conducta, todo lo contrario, a lo que muestran los niños con hiperactividad e inatención, que se espera tengan menores niveles de flexibilidad cognitiva y una peor Teoría de la Mente.

Los datos parecen ir en la dirección prevista, al menos así lo afirma un estudio llevado a cabo por la Universidad del Oeste de Australia (Australia) cuyos resultados han sido publicados en la revista científica Child Development Research.

En el mismo participaron setenta estudiantes de primaria a los cuales se les evaluó la flexibilidad cognitiva, la Teoría de la Mente y la hiperactividad.

Los resultados tal y como predecía la teoría C.C.C. muestran cómo los niños con mayores niveles de flexibilidad cognitiva van acompañados de mayores niveles de Teoría de la Mente y con menores niveles de hiperactividad.

El estudio señala una nueva vía de trabajo con los menores, ya que, interviniendo de forma indirecta sobre la flexibilidad cognitiva o sobre la Teoría de la Mente, se esperaría que cambiase el comportamiento del menor y que fuese así poco a poco "debilitándose" la conducta de hiperactividad, por otra socialmente mejor aceptada y que además permite un mayor rendimiento intelectual al pequeño.

Quedaría por tanto completar estos resultados con los obtenidos por una intervención escolar para comprobar la eficacia de la teoría C.C.C. en el tratamiento indirecto de los niños con hiperactividad.

No hay que esperar a la edad adulta para la intervención en I.E., ya que cuanto antes se cultive esta, se obtendrán mejores resultados, pero en ocasiones, la escuela no es el mejor ambiente para el pequeño, sobre todo si este sufre una situación de acoso escolar o Bullying.

Este acoso es una de las mayores preocupaciones entre los educadores y psicólogos que tratan de evitar sus efectos en los menores que lo sufren, pero ¿Es posible evitar los efectos nocivos del acoso escolar con una intervención en la Teoría de la Mente de los estudiantes?

Imagine que se levanta un día de la cama y le dice su madre que debe acudir a su centro de estudio, donde sabe que hay unos chicos que le acosan, insultan y pegan en el recreo, ¿Iría usted a clase?

Esta es una realidad a la que se tienen que enfrentar cada vez más pequeños en las escuelas, ¿Y la solución?, de momento no se conoce que haya una, ya que, de ser así, rápidamente se "exportaría" al resto de los centros del sistema educativo y se paliaría una realidad que se ha comprobado que deja "mella" en el pequeño, que va a sufrir sus consecuencias incluso en la edad adulta.

Ya no se trata únicamente de los moratones, hematomas u otras lesiones "menores" que pueda sufrir el pequeño, sino las más graves son precisamente las que no se ven, a nivel psicológico, ya que va a minar su autoestima en una etapa crítica para la formación de su personalidad, igualmente va a determinar cómo se relacionará en el futuro con los demás.

Una situación tan estresante que puede ser origen incluso de enfermedades psicosomáticas, así como de intentos de suicidio en los casos más dramáticos.

Para dar respuesta a ésta situación han sido varios los intentos tanto desde una intervención directa sobre los menores acosados, o bien sobre los acosadores, sobre los "maestros" para que sean estos los que detecten las situaciones de acoso en el aula, o incluso para que sean ellos los que "lo paren", incrementando su autoridad y las consecuencias de las conductas inapropiadas en clase, e incluso realizando charlas dirigidas a concienciar a los padres, para que sepan apreciar cuándo el pequeño da síntomas de que "algo no va bien" en clase.

Todas estas intervenciones han tenido resultados desiguales, pero como se indicó al principio todavía no se ha encontrado una fórmula adecuada para "cortar de raíz" éste problema creciente.

Un estudio realizado conjuntamente por la Universidad de Milano-Bicocca (Italia) y la Universidad de Manitoba (Canadá) cuyos resultados han sido publicados en la revista científica Journal of Experimental Child Psychology aborda ésta cuestión desde una perspectiva diferente.

Los autores del estudio entienden que para cuando aparece el acoso escolar o bullying escolar "es demasiado tarde", y que es mejor fijarse en las etapas anteriores de formación con las que trabajar para que se den estas situaciones, es decir, su "cura" consiste en prevenirlo.

La investigación contó con ciento diez participantes con edades comprendidas entre los seis a 7 años, la mitad de los cuales eran niñas.

A cada participante se le asignó al azar a uno de los dos grupos experimentales. En ambos grupos se les hizo leer una serie de textos sobre situaciones emocionales durante 2 meses, al primer grupo se le pidió que comentasen los textos de forma abierta sobre la naturaleza, causas y regulación de las emociones; mientras que al segundo que lo representase mediante dibujos.

Los resultados muestran que el primer grupo incrementó su comprensión sobre las emociones, la Teoría de la Mente (ponerse en el lugar del otro), así como su empatía, medida tras la fase de entrenamiento, resultados que se mantenían incluso 6 meses después.

Aunque no fueron evaluadas las consecuencias en la futura aparición del acoso escolar o bullying escolar, los autores esperan que una mayor comprensión de las propias emociones y de la empatía, sea "suficiente" para prevenir situaciones de acoso en un futuro, crítico por parte de otros autores, ya que una falta de empatía y de control de los impulsos estaría en la base del disruptivo comportamiento por parte del pequeño acosador.

Un intento por paliar los efectos "devastadores" del acoso escolar, antes de que éste surja desde una perspectiva de la educación en la infancia. Un modelo que de comprobarse que es "exportable" a otros lugares, sería bueno para los pequeños, ya que "garantizaría" un mejor desempeño social, sin llegar a situaciones de acoso.

Aunque, como los mismos autores indican, existen muchas limitaciones, además, mientras no sea un modelo implantado en todas las escuelas, siempre se corre el riesgo de tener en clase alumnos procedentes de otros centros que no han recibido esta educación previa, y por lo tanto están más "expuestos" a convertirse en acosador.

CONCLUSIONES

En este ebook se han expuesto las principales teorías con respecto a la I.E., su definición y consecuencias en la vida de quien lo practica.

Igualmente se ha hablado de los problemas asociados a bajos niveles de I.E., y de cómo es necesario cultivarlo, gracias a los beneficios sociales que acarrea.

Todo ello presentado con un lenguaje claro y sencillo, a la vez que se incluyen las últimas investigaciones realizadas en este ámbito de la I.E., con lo que tener una visión global y actualizada al respecto.

JUAN MOISÉS DE LA SERNA

Es Doctor en Psicología, Master en Neurociencias y Biología del Comportamiento, y Especialista en Hipnosis Clínica, reconocido por el International Biographical Center (Cambridge - U.K.) como uno de los cien mejores profesionales de la salud del mundo del 2010. Desarrollando su labor docente en distintas universidades nacionales e internacionales.

Divulgador científico con participación en congresos, jornadas y seminarios; colaborador en diversos periódicos, medios digitales y programas de radio; autor del blog "Cátedra Abierta de Psicología y Neurociencias" y de diecisiete libros sobre diversas temáticas.

Actualmente desarrolla su labor de investigación en el ámbito del Big Data aplicado a la Salud, para lo cual trabaja con datos provenientes de la India, EE.UU. o Canadá entre otros; labor que complementa con la asesoría a Startups tecnológicas orientadas a la Psicología y el Bienestar personal.